Airline Cabin Service

항공 객실
서비스 실무

Preface

"최상의 항공 객실 서비스, 고객과의 소통을 위해"

객실승무원은 승객들의 항공 여행을 특별하게 만드는 주역입니다. 최근 고객들의 다양한 기대감은 객실승무원에게 새로운 역할과 책임을 부여하고 있습니다. 따라서 객실승무원은 변화하는 고객의 요구를 정확히 이해하고 기내에서의 업무를 적극적으로 수행할 필요가 있습니다.

저자는 객실승무원을 목표로 하는 학생들이 전공 직무에 대해 보다 체계적으로 학습할 수 있도록 이 책을 집필했습니다. 대한항공 사무장 및 객실 훈련원 교관 경력을 바탕으로 현장 중심의 기내 서비스에 관한 지식과 기내에서의 경험 및 실무에 대한 노하우를 담았습니다.

1장은 '객실승무원의 이해'에 대한 내용으로 객실승무원의 직무와 객실승무원이 갖추어야 할 서비스 매너로 구성했습니다.

2장은 '기내 서비스의 이해'에 대한 내용으로 항공 기내 시설, 기내 서비스 용품, 기내 엔터테인먼트 서비스, 기내 의료 지원 서비스 및 특수 고객 서비스에 대한 설명으로 구성했습니다.

3장은 '기내식 음료의 이해'에 대한 내용으로 서양식 음료 이론을 바탕으로 칵테일, 와인 등 기내 음료 서비스 실습이 가능하도록 구성했습니다.

4장은 '기내 서비스 업무의 이해'에 대한 내용으로 항공 서비스의 최신 트렌드에 기반하여 객실승무원이 수행하는 업무를 실제 비행 현장의 근무 절차대로 체계적으로 정리하여 실무 실습이 가능하도록 구성했습니다.

마지막 5장은 '국가별 출입국에 대한 이해'에 대한 내용으로 최신 국가별 출입국 규정을 정리했으며 학생들이 국가별 출입국 규정에 대하여 올바르게 이해함으로써 기내에서 고객에게 자신감 있게 안내할 수 있도록 구성했습니다.

객실승무원을 꿈꾸는 학생들이 지속적으로 자기 계발을 하며 객실승무원으로서의 역할을 자신감 있게 수행하는 날이 오기를 응원하겠습니다.

이 책을 출간하기까지 큰 도움을 주신 연성대학교 항공서비스과 동료 교수님들과 대한항공 선후배님, 한올출판사 대표님 이하 편집부 직원분들께 깊은 감사의 마음을 전합니다.

2023년 8월
저자 양희선, 김정현

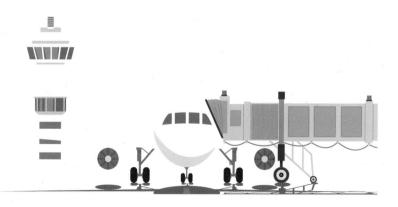

Contents

Chapter **4**

기내 서비스 업무의 이해

Chapter **5**

국가별 출입국에 대한 이해

Chapter **1**

객실승무원의 이해

1 객실승무원의 직무

(1) 객실승무원의 정의

객실승무원 혹은 항공기 객실승무원의 사전적 의미는 다음과 같다.

- 항공기에 탑승한 승객에게 기내에서 제반 서비스를 제공하는 사람[1]
- 항공 승무원(航空乘務員, Flight Attendant) 또는 캐빈 크루(Cabin Crew)라고 하며, 여객기에서 승객들에게 접객 서비스를 하는 승무원[2]

[1] 한국 직업 사전
[2] 위키백과
[3] http://www.law.go.kr/ 법령/항공안전법(18789)

항공안전법[3]에서는 객실승무원을 다음과 같이 정의한다.

- 항공기에 탑승하여 비상시 승객을 탈출시키는 등 승객의 안전을 위한 업무를 수행하는 사람

(2) 객실승무원의 업무

항공사 서비스의 최일선인 기내에서 근무하는 객실승무원은 채용 후 입사 교육과 객실 업무 수행을 위한 신입 전문 훈련 과정을 수료하고 항공기에 탑승하여 기내 안전 및 서비스와 관련된 다양한 업무를 수행한다.

① 운항 전 기내 점검

비행 전 필요한 사항을 확인하며, 객실 내 비상·보안 장비, 의료 장비 및 서비스 용품 탑재 등을 점검한다.

② 안전 및 보안 점검

항공기 안전 운항을 위해 기장과 협조하여 운항 중의 승객 안전과 쾌적한 비행 환경을 조성하고 유지하는 책임을 진다.

기내의 보안 장비 점검 및 항공기 보안 검색을 하며, 기내 수하물 탑재 상황을 파악하고 승객에게 안전 브리핑을 실시한다.

③ 운항 중 고객 서비스

좌석 안내, 기내방송, 식사 및 음료 제공, 입국 관련 서류 점검, 기내면세품 판매 등 승객의 편안한 여행을 위한 서비스를 제공하는 업무를 수행한다.

(3) 객실승무원의 자격

❶ 지원 자격

- 해외여행에 결격 사유가 없고 병역필 또는 면제자
- 교정시력 1.0 이상인 자
- 기 졸업자 또는 졸업예정인 자
- TOEIC 550점 또는 TOEIC Speaking LVL IM 또는 OPIc LVL IM 이상 취득한 자

❷ 전형 절차

서류 전형 ⟩ 1차 면접 ⟩ 2차 면접 영어구술 Test ⟩ 3차 면접 ⟩ 건강 검진/ 수영 Test ⟩ 최종 합격

❋ 훈련 과정

객실승무원은 항공사에서 실시하는 신입 훈련 과정에서 안전 교육과 서비스 교육을 이수하고 소정의 심사에 합격해야 한다. 이후에도 각 직급별, 클래스별 서비스 교육 및 정기적으로 실시되는 안전에 관한 법정 교육 과정을 이수해야 한다.

출처: 대한항공 인스타그램

(4) 직책별 업무

❶ 객실사무장(Duty Purser)

- 객실 브리핑(Cabin Briefing) 주관 및 승무원 업무 할당(Duty Assign)
- 비행 전 기내 설비 및 장비의 기능 점검 및 확인
- 기내서비스 진행 관리 감독
- 항공기 출입항 관련 서류 및 Ship Pouch* 관리
- 기내방송 관리 감독
- VIP, CIP 및 Special Passenger 응대 관리
- 비행 중 발생하는 비정상적인 상황 해결 및 보고
- 해외 체재 시 승무원 관리 및 해외 지점과의 업무 연계
- 비행 안전을 위한 제반 조치

* Ship Pouch: 항공 관련 서류를 운반하는 데 쓰이는 특수 우편 행낭으로 그 안에 G/D, P/M, C/D 서류, 항공기 쿠폰, TWOV/추방자의 여권과 서류 등이 들어 있음

❷ 객실 부사무장(Assistant Purser)

- 객실사무장 유고 시 업무 대행
- 이코노미 클래스 서비스 진행 및 관리
- 서비스 용품 탑재 확인
- 비행 안전 업무
- 수습 승무원의 훈련 지도 및 평가
- 일반 객실승무원 업무

❸ 일반 객실승무원(Flight Attendant)

- 담당 구역의 안전 및 서비스 업무 수행
- 객실사무장 및 객실 부사무장의 업무를 공통적으로 수행
- 해당 편 방송 담당 승무원은 정상 상황 방송(Routine Announcement)을 담당
- 현지 승무원(Overseas Cabin Crew)은 기내 방송 시 자국의 언어로 방송을 담당하며, 해당 언어권 승객의 의사소통을 담당

② 객실승무원의 근무 형태

(1) 객실승무원의 근무

객실승무원의 근무는 회사 업무에 종사하는 것을 말하며 승무, 편승, 대기 근무, 지상 근무, 교육 훈련이 이에 속한다.

❶ 승무(On Duty Flight)

항공기에 탑승하여 비행 업무를 수행하는 것을 말한다. 승무원의 비행시간은 항공기가 자력으로 움직이기 시작하는 순간부터 착륙 후 엔진이 완전히 정지되는 시점까지를 말한다.

❷ 편승(Extra Flight)

다음 승무를 위해 또는 승무를 마치고 할당된 업무 없이 공항과 공항 간을 자사 또는 타사 항공편을 이용하여 이동하는 것을 말한다. 페리비행(Ferry Flight)[1]도 포함된다.

[1] 페리비행(Ferry Flight): 유상 탑재물(승객, 화물)을 탑재치 않고 실시하는 비행
[2] 공항 대기(Airport Stand By): 공항 내 지정된 장소에서 대기 근무
[3] 자택 대기(Home Stand By): 거주지에서 대기 근무

✳ 대기 근무(Stand By)

정기편 또는 부정기편에서 승무원의 결원이 발생할 경우 충원하기 위한 목적으로 대기하는 근무를 말한다. 공항 대기(Airport Stand By)[2]와 자택 대기(Home Stand By)[3]가 있다.

✳ 훈련 및 교육

비행 근무를 하기 위하여 직급별, 직책별, 클래스(Class)별 또는 기타 필요한 훈련 과정을 이수하고 심사를 받는다. 훈련 또한 객실승무원의 근무 형태이다.

(2) 객실승무원의 월간 비행 근무

객실승무원은 한 달에 한 번 비행 스케줄(Schedule)을 받으며, 월간 비행 스케줄에 따라 비행 근무를 한다. 월간 비행 스케줄은 다음과 같다.

Page 1 of 1

Sunday	Monday	Tuesday	Wednesday	Thursday	Friday	Saturday
	Oct 01 LO 0000 FCO FCO 2015 KE 0932 2205 FCO ICN 2359	Oct 02 KE 0932 0000 FCO ICN 1639	Oct 03 ATDO 0000:2359 ICN	Oct 04 ATDO 0000:2359 ICN	Oct 05 KE 0683 1820 ICN SGN 2140 LO 2140 SGN SGN 2359	Oct 06 LO 0000 SGN SGN 2220 KE 0684 2330 SGN ICN 2359
Oct 07 KE 0684 0000 SGN ICN 0640	Oct 08 ADO 0000:2359 ICN	Oct 09 KE 0891 0935 ICN YNJ 1100 KE 0892 1220 YNJ ICN 1555	Oct 10 KE 0767 1005 ICN AOJ 1225 KE 0768 1325 AOJ ICN 1600	Oct 11 KE 0865 0850 ICN CAN 1130 KE 0866 1240 CAN ICN 1715	Oct 12 ATDO 0000:2359 ICN	Oct 13 KE 0813 0840 ICN HFE 1020 KE 0814 1120 HFE ICN 1455
Oct 14 KE 0845 0805 ICN TAO 0840 KE 0846 0945 TAO ICN 1210	Oct 15 KE 0053 2120 ICN HNL 1050 LO 1050 HNL HNL 2359	Oct 16 LO 0000 HNL HNL 2359	Oct 17 LO 0000 HNL HNL 1155 KE 0054 1305 HNL ICN 2359	Oct 18 KE 0054 0000 HNL ICN 1750	Oct 19 ATDO 0000:2359 ICN	Oct 20 ATDO 0000:2359 ICN
Oct 21	Oct 22 KE 0613 0950 ICN HKG 1250 KE 0614 1405 HKG ICN 1845	Oct 23 ATDO 0000:2359 ICN	Oct 24 KE 0019 1820 ICN SEA 1220 LO 1220 SEA SEA 2359	Oct 25 LO 0000 SEA SEA 2359	Oct 26 LO 0000 SEA SEA 1305 KE 0020 1415 SEA ICN 2359	Oct 27 KE 0020 0000 SEA ICN 1745
Oct 28 ATDO 0000:2359 ICN	Oct 29 ATDO 0000:2359 ICN	Oct 30	Oct 31			

③ 객실승무원의 의무 및 규정

(1) 일반적인 준수 사항

- 거주지의 주소와 전화번호를 회사에 등록해야 하며, 변경 시 3일 이내에 통보해야 한다.
- 비행 전후에 회사 내 게시판, 개인 Mail Box, e-mail, 사내 종합정보시스템의 지시사항을 반드시 숙지하고 이행해야 한다.
- 비행 근무를 효율적으로 수행하기 위하여 항상 신체적으로 최적의 상태를 유지해야 하며 질병의 발생을 조기에 발견하도록 노력한다.
- 비행 12시간 전부터 비행이 끝나는 시점까지 음주를 할 수 없다. 또한 근무 중인 승무원에게 알코올 성분의 음료를 제공해서도 안 된다. 비행 종료 후에도 유니폼을 착용한 상태에서 음주를 해서는 안 된다.
- 출입국 시 관세법에 저촉되는 물건을 소지하면 안 되며, 회사 공문서 외 개인적인 서신이나 물품을 임의로 운반할 수 없다.
- 승객에 관한 제반 사항이나 기록을 비밀로 해야 하며 이에 관해 어떤 정보도 공개해서는 안 된다.
- 허가되지 않은 회사의 물품이나 용구를 개인적인 목적을 위해 반출하거나 사용할 수 없다.

- 회사의 규정 및 교재, 서류를 사전 승인 없이 외부에 유출해서는 안 된다.
- 승무원의 신분으로 회사의 사전 승인 없이 일체의 매스컴 및 홍보 활동을 할 수 없다.
- 승무원은 일체의 수혈을 금하며, 비상시나 가족의 요청에 의해 수혈을 했을 경우 72시간 내에 비행을 해서는 안 된다.
- 비행 출발 24시간 이내에 스쿠버 다이빙을 해서는 안 된다.

(2) 객실승무원의 해외 체재 규정

❶ 회사 재산 반출 금지

회사의 공식적인 서면 승인 없이 기내에 탑재되는 모든 물품, 즉 회사의 재산을 반출하여 사용해서는 안 되며, 해외 체재 시뿐 아니라 국내에서도 적용된다.

❷ 숙소 이탈 금지 및 숙소 귀환 시간 준수

지정된 숙소 이외의 장소에서 허가 없이 숙박해서는 안 된다. 장시간 외출 시에는 객실사무장에게 행선지, 연락처, 귀환 시간을 보고하고 허락을 득해야 한다.

호텔 픽업 12시간 전부터는 비행근무를 위해 충분한 휴식을 취해야 한다.

❸ 호텔 규칙 준수

호텔에서 정한 일반적인 규칙을 지켜야 한다. 객실을 청결하게 사용하도록 하며 정돈되지 않은 채 방치해서는 안 된다. 현지 시차를 감안하여 야간에 시끄러운 소음으로 다른 투숙객에게 방해가 되지 않도록 한다.

❹ 도박 행위 금지

해외 체재 시 어떠한 도박 행위도 해서는 안 된다.

⑤ 풍기 문란 행위 금지

해외에서 내국인뿐 아니라 외국인과의 풍기 문란한 행위를 하여 회사와 승무원의 이미지를 손상시켜서는 안 된다.

2 객실승무원의 서비스 매너

객실승무원의 서비스 매너는 고객의 입장에서 생각하고 고객을 위해 봉사하는 마음가짐과 행동이 기본이 되어야 한다. 고객을 존중하는 마음을 담아 바르고 단정한 용모와 자세를 갖추어 응대하는 것은 고객에게 최상의 서비스를 선사하는 중요한 요소라고 할 수 있다.

비행에 임하기 전, 객실승무원이 점검해야 할 기본 서비스 매너는 다음과 같다.

① 표정

(1) 미소(Smile)

사람이 상대방을 마주할 때 가장 먼저 시선이 가는 곳은 얼굴이며, 그 얼굴에 나타나는 표정으로 상대방의 첫인상을 평가한다. 따라서 고객과 교감을 나눌 수 있는 밝고 편안한 미소로 고객을 응대하는 것은 매우 중요하다. 이는 고객에게 기분 좋은 서비스를 제공하고 자신이 수행하는 서비스의 가치를 향상시킬 수 있는 방법이다.

그러므로 고객을 진심으로 위하는 마음에서 우러나는 아름다운 미소를 생활화하도록 한다.

(2) 눈맞춤(Eye Contact)

고객과의 눈맞춤은 고객과 소통하고자 하는 관심의 표현, 고객에 대한 존중 그리고 서비스에 대한 자신감의 표현이다.

4차 산업혁명 시대에 접어들어 공항 내의 많은 서비스가 자동화되면서 예전에 비해 고객과 서비스하는 직원이 마주할 기회가 현저히 감소하였다. 그러나 항공 서비스 분야는 여전히 승객과 승무원 간의 상호 소통 및 감성이 요구되고 있다. 변화하는 서비스 트렌드에 순응하면서 객실승무원은 보다 편안하고 부드러운 눈맞춤으로 고객을 응대하도록 한다.

② 인사

인사는 만남의 시작점이며 상대방에 대한 존경과 친근감의 표현이다. 객실승무원의 밝고 자연스러운 인사는 승객과의 만남에서 첫인상을 결정짓는 중요한 요소이므로 자신의 정성된 마음을 자신감 있게 표현할 수 있도록 한다.

(1) 올바른 인사의 기본 동작

❶ STEP 1: Eye Contact & Motion(1초)

밝은 표정으로 상대방의 눈을 맞춘 다음 등과 목을 바르게 펴고 배를 끌어당기며 허리를 숙인다.

❷ STEP 2: Stop Motion(1초)

머리, 등, 허리가 일직선이 되도록 숙인 상태에서 멈춘다.

❸ STEP 3: Motion(2초)

숙일 때의 속도보다 천천히 상체를 올린다.

❹ STEP 4: Eye Contact & Smile

똑바로 선 후 밝은 미소로 다시 상대방을 바라본다.

©www.hanol.co.kr

(2) 인사말

객실승무원은 처음 승객을 맞이할 때뿐만 아니라 서비스하는 동안에도 상황에 맞는 자연스러운 인사말을 구사할 수 있어야 한다. 적시 적소에 정성을 담아 필요한 인사말을 하는 습관을 생활화하도록 한다.

5대 접객 용어와 마음가짐

- 안녕하십니까 ─────────────── 환영하는 마음
- 무엇을 도와드릴까요 ─────────── 봉사하는 마음
- 감사합니다 ─────────────── 감사하는 마음
- 죄송합니다 ─────────────── 반성하는 마음
- 안녕히 가십시오 ─────────── 기대하는 마음

(3) 인사의 종류

인사의 종류는 상황에 따라 다음과 같이 3가지로 나눌 수 있다.

인사의 종류

목례	보통례	정중례
약 15°	약 30°	약 45°
· 계단이나 협소한 장소 · 친근한 사람과의 인사 · 여러 번 마주치는 사람과의 인사	· 일반적인 경우의 인사	· 격식을 차리는 자리 · 깊은 감사나 사과의 인사

③ 용모와 복장

객실승무원의 용모와 복장은 회사의 이미지를 결정짓는 중요한 요소이다. 최근에는 저비용 항공사(LCC)를 중심으로 다양한 조합의 유니폼 착용, 자신에게 어울리는 화장법과 헤어스타일, 안경 및 액세서리 규정 개선 등 개인의 취향이나 편의를 반영하는 추세이다.

객실승무원은 회사의 규정을 준수하여 기내에서는 물론 해외 체재 시에도 항상 단정하고 품위 있는 용모와 복장을 연출하도록 한다.

출처: 티웨이항공 인스타그램

(1) 비행 근무 시 용모 복장

❶ 여승무원

❋ 용모

- 헤어는 청결한 상태여야 하며, 머리카락이 흘러내리지 않도록 한다.
- 메이크업은 밝고 건강미가 있고 유니폼에 어울리는 자연스러우면서 부드러운 메이크업을 한다.
- 손과 손톱은 항상 청결해야 하며, 손톱은 적당한 길이에 매니큐어를 바른 상태여야 한다.

❋ 유니폼

- 유니폼은 구김 없이 청결하고 완전한 상태로 착용한다.

- 유니폼 상의는 단추가 제대로 달려 있어야 하며, 윙, 명찰 등의 부착물은 지정된 위치에 있어야 한다.
- 스카프는 알맞은 모양과 크기로 매야 한다.
- 유니폼 하의는 바느질이 터져 있는 곳이 없어야 하며 스커트의 길이는 무릎선을 유지하고 바지는 복숭아뼈를 덮는 정도의 길이여야 한다.
- 임의로 유니폼의 디자인과 형태를 변형하지 않아야 하며, 개인적인 부착물은 패용하지 않는다.
- 스타킹은 올이 나가지 않아야 하며 지정된 색상을 착용한다.
- 구두는 청결함과 광택을 유지해야 하며 보조 굽은 닳지 않도록 관리한다.
- 시계, 반지, 귀걸이 등의 액세서리는 항공사 규정에 맞게 착용한다.

❷ 남승무원

☀ 용모

- 헤어는 앞머리가 흘러내리지 않도록 스프레이나 왁스 등으로 정리한다. 옆머리는 귀를 덮지 않아야 하고, 뒷머리는 셔츠 깃의 상단에 닿지 않도록 한다.
- 면도는 항상 깔끔하게 한다.
- 손톱은 짧게 자르고, 청결에 신경쓴다.

☀ 유니폼

- 유니폼은 구김 없이 청결하고 완전한 상태로 착용한다.
- 유니폼 상의는 단추가 제대로 달려 있어야 하며, 윙, 명찰 등의 부착물은 올바른 위치에 있어야 한다.
- 유니폼 셔츠 착용 시 흰색 내의를 입는다.
- 넥타이는 끝부분이 벨트 선을 지날 정도의 길이로 단단히 매고 회사 지급 타이핀만 사용한다.
- 유니폼 바지는 바지 주름(Crease)을 바로 잡아 다림질하여 벨트와 함께 착용한다.
- 양말은 검정색, 감색을 착용하며 흰색은 착용하지 않는다.

- 구두는 보편적인 형태의 검정색 가죽구두를 착용하며, 망사형이나 부츠형은 착용하지 않는다. 또한 굽이 닳지 않도록 하고 항상 청결함과 광택을 유지해야 한다.

(2) 비행 외 근무 시 용모 복장
- 회사의 일원으로서 소속 부서를 대표하는 마음으로 단정하고 품위 있는 비즈니스룩(Business Look)을 연출한다.

 국내 항공사별 유니폼

대한항공

아시아나 항공

에어서울

제주항공

진에어

- 과도한 개성의 표현은 사내 직원들에게 부담감을 줄 수 있으므로 지나친 유행이나 화려함은 피하는 것이 좋다.
- 자신의 긍정적인 이미지를 돋보이게 할 수 있는 스타일링과 이미지메이킹으로 직장인다운 용모와 복장을 유지한다.

에어부산

에어
프레미아

티웨이
항공

에어로
케이

이스타
항공

(3) 해외 체재 시 용모 복장

- 현지의 날씨와 지역의 특성에 맞게 복장을 선택한다.
- 깔끔하고 조화롭게 갖춰 입어야 하며 노출이 심하거나 눈에 띄는 옷차림은 삼가도록 한다.
- 체재하는 호텔 내에서 식사하거나 승무원 라운지(Crew Lounge)를 이용할 때는 T.P.O*에 맞는 세미 정장에 준하는 옷차림과 신발을 갖춰 착용한다.

* T.P.O(Time, Place, Occasion): 복장을 시간, 장소, 상황에 맞게 착용하는 것

4 서비스 기본 자세와 동작

객실승무원은 회사를 대표하는 직원으로서 근무에 필요한 바르고 세련된 자세와 동작을 몸에 익혀 자연스럽게 표현하도록 한다.

(1) 승객을 응대하는 기본 자세

- 앉아 있는 승객의 눈높이를 맞추기 위해 허리를 굽혀 상체를 낮추어 공수 자세를 취한다.
- 다리는 가지런히 모은 상태로 눈맞춤(Eye Contact)을 한다.
- 승객의 1열 앞쪽, 45도 방향에 서서 응대한다.
- 승객과의 대화가 길어지거나 승객에게 사과를 할 경우 응대하는 쪽 무릎을 바닥에 대고 반대쪽 무릎을 세운 상태로 상체는 곧게 펴고 응대한다.
- 승객에게 주문을 받거나 메모가 필요한 경우 승객의 말을 복창하며 빠짐없이 기록한다.

(2) 서비스 시 올바른 자세

- 항상 밝은 표정과 공손한 태도를 유지한다.

- 서비스 도중에 머리를 쓰다듬거나 코를 만지지 않는다.
- 승객을 바라보고 바른 자세로 대화하면서 서비스한다.
- 승객의 좌석 등받이에 기대거나 몸이 닿지 않도록 한다.
- 작은 것 하나도 반드시 트레이(Tray)를 이용하여 정중히 전달한다.

(3) 물건을 주고받는 자세

- 주고받을 물건은 가슴과 허리 사이에 위치하도록 든다.
- 반드시 양손을 사용하며 작은 물건일 때는 한 손을 다른 한 손 밑에 받친다.
- 물건의 이름을 말한 후 물건을 전달한다.
- 시선은 **승객의 눈 → 물건 → 승객의 눈** 순서로 옮겨 물건이 올바르게 전달되었는지 확인한다.
- 상대방의 입장과 편의를 고려하여 적절한 시점에 물건을 건넨다.

(4) 방향을 가리키는 자세

- 가리키는 대상의 명칭을 복창한다.
- 손가락을 모아 손바닥이 비스듬히 위로 향하게 하고 지시한다.
- 팔꿈치의 각도로 거리감을 표현한다.
- 시선은 **승객의 눈 → 지시하는 방향 → 승객의 눈**으로 옮겨 승객의 이해도를 확인한다.
- 오른쪽을 가리킬 때는 오른손으로, 왼쪽을 가리킬 때는 왼손으로 한다.
- 사람을 가리킬 때는 두 손을 사용한다.

(5) 물건을 집는 자세

- 다리를 붙이고 옆으로 돌려 앉는다.
- 상체는 가급적 곧게 편다.
- 치마를 착용한 상태에서는 물건을 집을 경우 뒷모습에도 각별히 주의한다.

(6) 승무원용 좌석(Jump Seat)을 이용하는 자세

- 좌석에 앉을 때는 좌석에서 반보 정도 앞에 선 후 한 손으로 좌석을 열면서 조용히 앉는다.
- 치마를 착용하고 앉을 경우 치마의 앞부분을 손으로 누르듯이 하여 앉는다.
- 좌석에 앉아 있는 상태에서 다리를 꼬거나 벌리지 않는다.
- 좌석에서 일어날 때는 좌석벨트를 좌석 사이에 잘 정리해 넣는다. 좌석의 스프링으로 인해 갑자기 닫힐 수 있으므로 의자를 잡으면서 조용히 일어난다.

5 서비스 기본 대화

승객에게 친근하고 신뢰가 가는 서비스를 수행하려는 마음가짐은 객실승무원으로서의 기본 자세이다. 그중에서도 승객과의 대화는 인적 서비스의 큰 부분을 차지한다. 간혹 대화 중의 서투른 말투와 표현으로 본의 아니게 고객의 불만을 야기하는 경우가 종종 발생한다.

따라서 객실승무원은 기내에서 일어날 수 있는 어떠한 상황에서도 고객에게 밝은 미소와 따뜻한 마음을 담은 대화로 소통하는 것이 매우 중요하다.

(1) 객실승무원의 올바른 대화법

- 기내의 소음을 고려하여 적절한 톤과 명확한 발음으로 말한다.
- 공손하게 양해를 구하는 경우 쿠션 언어로 시작하며, 끝맺음은 흐리거나 얼버무리지 않도록 한다.
- 줄임말, 비속어, 과도한 항공 전문 용어 및 외래어는 사용하지 않는다.

- 사물 존칭 등의 잘못된 존칭어는 사용하지 않는다.
- 고객의 이야기에 눈맞춤하며 경청하고 공감의 반응을 적극 표현한다.
- 고객이 요구하는 사항을 항상 메모하여 누락되는 일이 없도록 한다.
- 어린이나 학생 승객에게 반말을 사용하지 않는다.
- 특히 외국어로 대화할 경우 전달력이 떨어질 수 있으므로 더욱 정중한 표현을 사용한다.
- 항상 바른 자세로 대화하며 필요한 경우 이해를 돕기 위한 적절한 동작을 사용한다.
- 승무원 상호 간의 대화에서도 항상 존칭어를 사용한다.

(2) 호칭 사용법

- 승객의 직함을 알고 있는 경우, 일반적으로 **성 + 직함 + 님**의 방식으로 호칭한다.
  ex 김 사장님, 이 박사님, 박 회장님 등
- 계속적인 서비스로 호칭을 반복하게 될 때는 성을 생략하는 것이 무난하다.
- 외국인의 경우 'Sir' 또는 'Ma'am'으로 호칭하며, 성(Last name)이나 직함을 아는 경우에는 **Mr./Mrs./Miss + 성** 또는 **직함 + 성**으로 호칭한다.
  ex Mr. Smith, Doctor William, Professor Kim 등
- 어린이 승객의 경우 연령에 따라 **이름 + 군** 또는 **이름 + 양**으로 호칭한다.
- 승객의 직위를 임의로 판단하거나 가족관계를 표현하는 용어로 호칭하지 않는다.
  ex 사모님(X) , 아버님(X), 어머님(X) 등

(3) 기내 대화 시 유의 사항

- 특정 승객과 장시간 대화를 하여 주변 승객에게 편중된 서비스라는 인상을 주지 않도록 한다.
- 응대하는 승객의 나이, 수준, 관심에 맞는 화제를 선택하여 대화한다.
- 승객을 설득하려 하지 말고 승객의 입장에서 이해할 수 있도록 잘 설명한다.
- 반말을 하는 승객에게는 당황하거나 불쾌해하지 말고 더욱 정중한 말씨와 태도로 응대하는 자세가 필요하다.
- 일상적인 언어 습관을 개선하고 고객 응대에 맞는 언어 표현을 생활화한다.

Chapter **2**

기내서비스의 이해

항공기는 기종에 따라 통로가 1개(Single Aisle)인 Narrow Body와 통로가 2개(Twin Aisle)인 Wide Body로 나눈다.

동일한 기종이라도 좌석 배치 구성(Seat Configuration)에 따라 운영하는 좌석 수와 내부 구조가 상이하나 기내 서비스를 위한 기본 시설은 동일하게 갖춰져 있다.

현재 국내 항공사에서 운항하고 있는 항공기의 주 기종은 다음과 같다.

✈ 국내 항공사에서 운항 중인 항공기 기종

Wide Body		Narrow Body	
Airbus	Boeing	Airbus	Boeing
380-800	747-8i	321-neo	737-900
350-900	777-300	321-200	737-800
330-300	787-9	320-200	
330-200	777-200	220-300	
	767-300		

항공기의 내부는 조종실(Cockpit)과 객실(Cabin)로 구분되며, 객실은 일반적으로 비상구(Emergency Exit Door)를 기준으로 구역(Zone)을 나눈다. 객실승무원은 배정받은 담당 구역의 업무(Duty)를 수행한다. 가장 앞쪽 구역에서부터 A Zone이라고 하며 항공기의 크기에 따라 A Zone부터 E Zone까지 있다.

A380과 B747-8i 기종의 경우 객실이 1, 2층으로 나뉘어 있어 1층 객실을 Main Deck, 2층 객실을 Upper Deck라고 한다.

서비스하는 등급에 따라서 퍼스트 클래스(First Class), 비즈니스 클래스(Business Class), 이코노미 클래스(Economy Class)로 구분하며, 최근에는 비즈니스 클래스와 이코노미 클래스의 중간 등급으로 프리미엄 이코노미 클래스(Premium Economy Class)를 운영하는 항공사도 있다. 클래스별 등급의 명칭은 항공사마다 상이하다.

B747-8i 도해도

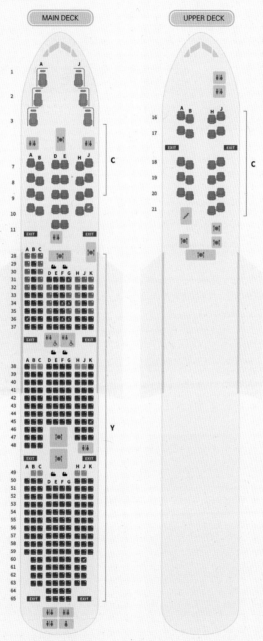

출처: 대한항공 홈페이지
https://www.koreanair.com/korea/ko/traveling/aircraft-info/details.html?fleetCode=b747-8i

| First Class

| Business Class

| Economy Class

출처: 대한항공 홈페이지

1 객실(Cabin)

(1) 승객 좌석

승객의 좌석은 벌크헤드 좌석(Bulkhead Seat), 일반 좌석(Non-Bulkhead Seat), 그리고 비상구 좌석(Emergency Exit Seat)이 있다.

벌크헤드 좌석은 정면에 칸막이 벽이 있어 유아용 요람(Baby Bassinet)을 장착할 수 있다.

비상구 좌석은 승객이 비상구로 접근하기 위해 통과해야 하는 비상구 창가 좌석부터 통로까지의 좌석을 말하며, 해당 좌석에 앉을 수 있는 조건을 충족해야 착석할 수 있다. 일반 좌석에 비해 좌석 간 간격(Pitch)이 넓어 승객의 선호도가 높으며 추가 요금이 적용된다.

승객 좌석에는 팔걸이(Armrest), 발 받침대(Footrest), 접이식 테이블(Tray Table)과 PCU(Passenger Control Unit)* 등의 편의 시설이 갖추어져 있고 안전을 위한 좌석벨트(Seatbelt)와 좌석 하단 고정 장치(Seat Restraint Bar), 발판(Foothold)이 장착되어 있다. 또한, 비상 상황을 대비하여 구명복(Life Vest)과 산소마스크(Oxygen Mask)가 비치되어 있다.

> *PCU(Passenger Control Unit): 독서등(Reading Light), 승무원 호출 버튼(Attendant Call Button), AVOD(개인용 오디오 비디오 시스템) 등을 제어할 수 있는 장치이다.

| 벌크헤드 좌석(Bulkhead Seat)

| 비상구 좌석(Emergency Exit Seat)

| PCU(Passenger Control Unit)

| 좌석 하단 고정 장치(Seat Restraint Bar)

| 발판(Foothold)

(2) 승무원용 좌석(Jump Seat)

비상구 앞에 위치한 승무원용 좌석이다. 사용하지 않을 때는 접을 수 있게 되어 있어 Jump Seat라고 한다.

비상시 승객의 탈출을 돕기 위해 전향(前向) 또는 후향(後向)으로 위치하며 1인(Single) 또는 2인(Twin) 좌석으로 설치되어 있다. 모든 승무원용 좌석에는 좌석 벨트(Seatbelt)와 숄더 하네스(Shoulder Harness)가 장착되어 있다.

승무원용 좌석 주변에는 객실 내 조명 및 온도, 보딩 뮤직(Boarding Music)과 녹음된 기내방송(Pre-Recorded Announcement) 등을 통제할 수 있는 승무원용 제어판(Attendant Panel)과 인터폰 및 PA(Passenger Address)를 위한 핸드셋(Handset)이 장착되어 있다.

이 외에도 승무원용 구명복(Crew Life Vest)과 산소마스크(Oxygen Mask)를 비롯한 각종 비상·보안 장비가 비치되어 있다.

(3) PSU(Passenger Service Unit)

승객의 편의를 위해 승객 좌석 천장에 장착된 각종 안전 및 편의 시설의 구성체이다. 산소마스크 컴파트먼트(Oxygen Mask Compartment), 독서등(Reading Light), 금연 표시등(No Smoking Sign), 좌석벨트 표시등(Fasten Seatbelt Sign), 승무원

호출 표시등(Attendant Call Light), 좌석 번호 표시판(Seat Locator Sign) 등을 포함한다.

(4) 선반(Overhead Bin)

승객이 기내에 휴대한 수하물을 안전하게 보관할 수 있는 공간으로 기종에 따라 선반 덮개가 위로 열리는 형태와 아래로 열리는 형태가 있다.

선반을 열 때는 보관했던 수하물이 떨어지는 사고가 빈번하게 발생하므로 승무원은 승객 탑승 시 수하물의 보관 상태를 철저히 확인해야 한다.

(5) 코트룸(Coatroom)

승객의 의류를 옷걸이에 걸어서 보관하기 위해 설치된 공간으로 의류 외에도 간단한 휴대 수하물이나 각종 서비스 용품을 보관할 수 있다.

승객의 의류를 보관할 경우 구겨지지 않도록 유의해야 하며, 코트룸에 보관한 물품은 승객 하기 전 해당 승객에게 잊지 않고 반환하도록 한다.

② 갤리(Galley)

비행 중 승객에게 제공할 기내식, 각종 음료와 서비스 용품을 보관하고 준비하는 장소이다.

오븐(Oven), 워터 보일러(Water Boiler), 커피 메이커(Coffee Maker), 냉장고(Refrigerator) 등의 갤리 장비 외 컴파트먼트(Compartment), 수도꼭지(Water Faucet), 쓰레기통(Waste Container/ Trash Compactor), 서킷 브레이커(Circuit Breaker) 등이 있다.

(1) 오븐(Oven)

지상에서 냉장 또는 냉동 상태로 탑재된 각종 기내식 및 타월 등을 뜨겁게 데워 제공하기 위해 사용한다. 식사의 메뉴나 아이템에 따라 오븐의 온도와 시간을 조절하여 승객에게 최적의 상태로 제공한다.

| 오븐(Oven)

| 오븐 랙(Oven Rack)

(2) 워터보일러(Water Boiler)

탱크의 물을 전기 가열의 원리로 뜨겁게 만들어 공급하는 장비이다. 과열로 인한 화재를 방지하기 위해 사용 전에 반드시 공기 빼는 작업(Air Bleeding)을 한 후 전원을 켠다.

(3) 커피메이커(Coffee Maker)

승객에게 신선한 원두커피를 만들어 제공할 수 있는 장비이다. 워터보일러와 같이 사용 전 반드시 에어블리딩(Air Bleeding)을 실시한다.

| 커피메이커(Coffee Maker) &
워터보일러(Water Boiler)

커피메이커(Coffee Maker) 사용법

- 에어블리딩을 한 후 전원 스위치를 누른다.
- 브루 핸들(Brew Handle)을 들어 올려 커피 팩 홀더(Coffee Pack Holder)에 커피 팩을 넣고 다시 브루 핸들을 아래로 완전히 내려 고정시킨다.
- BREW 스위치, WARMER 스위치를 누른다.

(4) 냉장고(Refrigerator)

승객에게 제공하는 물이나 음료를 냉장 및 냉동 보관할 수 있도록 설치된 장비이다.

(5) 컴파트먼트(Compartment)

갤리 내 각종 음료수나 서비스 용품을 보관하는 개폐식 문이 장착된 보관 장소이다. 안전사고를 방지하기 위해 사용하지 않을 경우 반드시 문을 닫아 잠금(Locking)하도록 한다.

기내식 음료를 장시간 동안 차갑게 보관할 수 있는 에어칠러 컴파트먼트(Air Chiller Compartment)도 있다.

(6) 수도꼭지(Water Faucet) & 배수구(Drain)

갤리 내 수도꼭지에서는 식수가 공급된다.

배수구에 버려지는 액체류는 항공기 외부로 배출되므로 운항 중에는 순수한 물만 버려야 한다. 특히 항공기가 지상에 있을 때는 항공기 외부로 오수를 배출시키는 배수구에는 순수한 물만 버릴 수 있다. 특히 지상에 있을 때는 뜨거운 물을 버리지 않도록 유의한다.

(7) 쓰레기통(Waste Container / Trash Compactor)

모든 갤리에 1개 이상 배치되어 있으며, 일반 쓰레기통(Waste Container)과 압축식 쓰레기통(Trash Compactor)의 2가지 형태가 있다. 위생 및 안전상 쓰레기통 덮개는 항상 닫아 놓도록 한다. 압축식 쓰레기통은 종이 상자(Cardboard Box)를 교체하여 사용하므로 액체류를 버리지 않아야 한다.

| 일반 쓰레기통
 (Waste Container)

| 압축식 쓰레기통
 (Trash Compactor)

(8) 서킷브레이커(Circuit Breaker)

서킷브레이커는 오븐(Oven)이나 커피메이커 등 갤리 내 전기 장비에 과부하가 발생할 경우 자동적으로 전원 공급을 차단시키는 기능을 한다. 과부하가 발생하면 자동적으로 서킷브레이커가 튀어나와 전원이 차단되면서 화재를 예방한다.

해당 장비의 서킷브레이커를 수동으로 뽑아 전원을 차단하여 화재의 확산을 방지할 수 있다.

3 화장실(Lavatory)

승객의 편의를 위해 비상구 주변을 중심으로 고르게 설치되어 있다. 비행 중 수시로 청결 상태를 점검하고 부족한 물품이 없는지 확인한다.

서비스의 차별화 방안으로 여성용 화장품을 비치한 여성용 화장실과 장애인용 화장실을 운영하기도 한다.

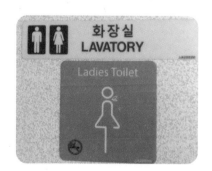

(1) 세면대(Washbasin)

기내 세면대에서는 냉수와 온수를 모두 사용할 수 있다. 손을 씻기 위한 물비누 디스펜서(Soap Dispenser)와 핸드 페이퍼 타월(Hand Paper Towel), 3oz 컵이 비치되어 있다. 특히 승객이 많이 사용하는 기내식 서비스 후에는 수시로 점검하여 빠르게 정돈하면서 부족한 물품을 채우도록 한다.

(2) 변기(Toilet Bowl)

항공기의 화장실은 수세식(Flushing Type)과 진공식(Vacuum Type)이 있다. 1회용 변기 커버가 비치되어 있으며 화장실의 변기 덮개는 위생 및 안전상 항상 닫아 놓도록 한다.

(3) 쓰레기통(Waste Container)

기내 화장실 쓰레기통의 뚜껑은 자동으로 닫히는 스프링 형태로 되어 있다.

쓰레기통 내부에 화재가 발생할 경우 자동 진화할 수 있는 열 감지형 소화기가 탑재되어 있다.

(4) 기저귀 교환대(Diaper Changing Table)

유아용 기저귀를 교환할 때 사용하며 접이식 테이블 형태로 되어 있다.

(5) 장애인용 편의 시설

장애인용 편의 시설이 장착된 화장실은 휠체어의 출입이 용이하도록 일반 화장실보다 출입문의 크기가 크고 내부 공간이 넓게 설계되어 있다. 벽면 여러 곳에 손잡이와 접이식 의자 등의 보조 시설이 장착되어 있다.

(6) 옷걸이(Coat Hook)

화장실 안쪽 문 벽면에 옷이나 가방을 걸어놓을 수 있는 접이식 옷걸이가 장착되어 있다.

(7) 승무원 호출 버튼(Attendant Call Button)

승무원 호출 버튼은 화장실 내에서 승무원의 도움이 필요할 때 호출할 수 있는 버튼이다. 버튼을 누르면 기내에 차임(Chime)이 울리며 화장실 문 외벽 표시등이 호박색(Amber)으로 점등된다. 승무원 호출 버튼이 울리면 즉시 해당 화장실에 가서 호출한 승객을 돕는다.

(8) 잠금장치(Locking System)

기내 화장실 잠금장치는 화장실 안팎에서 열고 닫을 수 있도록 문 양면에 장착되어 있다. 사용 중일 경우에는 빨강색 표지판(Indicator)이 표시되며, 비어 있을 경우에는 초록색 표지판이 표시된다.

| 화장실 문 외벽 잠금장치 | 화장실 문 내벽 잠금장치

(9) 연기 감지기(Smoke Detector)

화장실 내 연기나 화재가 감지될 경우 화재 발생 신호를 알리는 연기 감지기(Smoke Detector)가 장착되어 있다. 연기가 감지되면 연속적인 고음의 경고음과 함께 연기 감지기에 빨강색 경고등(Alarm Indicator Light)이 점등되며, 화장실 외벽 등도 점등된다.

비행 전 점검(Pre-Flight Check) 시 연기 감지기 주변에 이물질이 없는지 점검하고 정상 작동되는지를 확인한다.

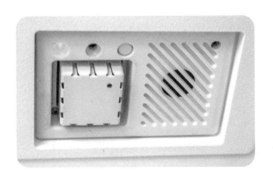 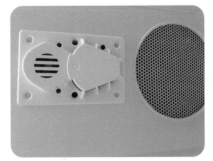

2   기내 서비스 용품

기내 서비스 시 사용하는 용품은 크게 두 가지로 분류된다.

소모되지 않고 재사용이 가능한 서비스 기물(Service Tool)과 사용하면 소모되어 새로 탑재해야 하는 서비스 아이템(Service Item)이 있다.

각 용품의 정확한 명칭과 올바른 사용법, 기종별 탑재 위치 등을 숙지하여 승객에게 좋은 서비스를 제공하도록 한다.

1   서비스 기물(Service Tool)

서비스 기물은 비행 중 재사용하는 용품으로 카트(Cart), 트레이(Tray), 바스켓(Basket) 등이 있다.

모든 기물은 한국 출발 시 한 번 탑재하면 해당 비행기가 다시 한국에 도착할 때까지 하기하지 않고 계속 사용하며 중간 경유지에서도 하기하지 않는다. 따라서 사용 후에는 항상 깨끗이 정리하여 제자리에 보관한다.

기물은 서로 부딪히거나 소리가 나지 않도록 조심스럽게 다루어야 하며, 사용하기 전 청결 상태를 확인한다. 특히 서비스할 때 음식이 직접 닿는 부분이나 입이 닿는 부분에는 손이 닿지 않도록 주의한다.

또한, 갤리(Galley) 내에서만 사용하는 기물은 승객에게 보이는 곳에서는 사용하지 않는다.

(1) 카트(Cart)

카트는 각종 음료, 기내식, 면세품의 보관 및 서비스를 하기 위해 사용한다.

사용 시에는 바른 자세로 안정감 있게 두 손으로 잡는다. 모든 카트는 이동이 용이하도록 바퀴가 달려 있으므로 카트 정지 시 반드시 페달의 고정 장치를 이용하

여 고정(Locking)한다. 통로(Aisle)를 지날 때는 천천히 이동하여 승객이 다치지 않도록 특히 주의하며 사용 후에는 통로나 도어(Door) 주변에 방치하지 않고 제자리에 보관하도록 한다.

◤ 카트의 종류와 용도

	주류 카트 (Liquor Cart)	식사 카트 (Meal Cart)	면세품 카트 (Sales Cart)	서빙 카트 (Serving Cart)
종류				
용도	• 음료 및 주류 탑재	• 밀 트레이 탑재 및 보관 • 기내식 서비스 및 회수	• 면세품 탑재 • 면세품 판매 서비스	• 상위 Class Meal 서비스
특징	• 한 면에 카트 문 2 개(상하 칸 분리)	• 한 면에 카트 문 1개	• 옆면이 투명해 탑재된 면세품을 볼 수 있음	• 접이식 형태
	• 고정(Locking)이 가능한 페달 장치가 있음			

(2) 캐리어 박스(Carrier Box) & 드로어(Drawer)

 캐리어 박스(Carrier Box) & 드로어(Drawer)의 종류와 용도

	캐리어 박스(Carrier Box)	드로어(Drawer)
종류		
용도	• 각종 서비스 용품을 보관하는 철제 박스 • 기내 서비스 용품의 탑재 및 하기	• 카트, 컴파트먼트 및 캐리어 박스 내 서비스 용품을 정리하는 서랍형 박스 • 기내식 서비스 시 서비스 용품을 탑재하거나 회수할 때 사용
취급 요령	• 사용하지 않을 때 도어는 항상 닫아 둔다.	–
	• 사용 시 소음이 발생하지 않도록 유의한다.	

(3) 트레이(Tray)

트레이(Tray)의 종류와 용도

	Small Tray	2/3 Tray	Large Tray
종류			
용도	• Basic Meal Tray • 개별 서비스 및 회수 • Meal 서비스 후 Tea & Coffee 서비스	• Basic Meal Tray	• Basic Meal Tray • 음료 서비스 및 회수 • 각종 서비스 용품 서비스 및 회수
취급 요령	• 사용 전 미끄럼 방지를 위해 트레이 매트(Tray Mat)를 부착해 사용한다.		

(4) 바스켓(Basket) & 통(Tongs)

▷ 바스켓(Basket) & 통(Tongs)의 종류와 취급 요령

	빵 바스켓 & 빵 통
종류	
용도	• 벌크(Bulk)로 탑재된 빵 서비스 • 스낵(Snack) 서비스
취급 요령	• 사용 전 청결 상태를 확인하고 바닥에 내려놓지 않도록 한다. • 손바닥을 펴서 바스켓의 바닥을 받쳐 안정감 있게 잡는다. • 통(Tongs)은 서비스 및 회수 시를 제외하고는 항상 바스켓 아래에 둔다.

(5) 아이스 버킷(Ice Bucket) & 아이스 통(Ice Tongs)

얼음은 깨끗한 아이스 버킷(Ice Bucket)에 담아 아이스 통(Ice Tongs)을 이용하여 서비스한다. 사용 전 반드시 청결 상태를 확인하고 사용 후에는 물기를 제거하여 깨끗하게 보관한다.

얼음을 청결하게 덜어 쓰기 위한 아이스 스쿱(Ice Scoop)과 덩어리진 얼음을 부수는 데 사용하는 아이스 픽(Ice Pick)도 함께 탑재된다. 아이스 스쿱과 아이스 픽은 승객에게 보이지 않도록 갤리(Galley) 안에서만 사용한다.

| 아이스 버킷 & 아이스 통
(Ice Bucket & Ice Tongs)

| 아이스 스쿱(Ice Scoop)

| 아이스 픽(Ice Pick)

(6) 커틀러리(Cutlery)

식탁용 나이프, 포크, 스푼 등의 기물을 말한다. 이코노미 클래스(Economy Class)에서는 서비스되는 기내식의 식사 메뉴와 유형에 맞는 커틀러리가 하나의 팩으로 포장되어 밀 트레이 위에 세팅된다.

(7) 기타 기물

▷ 기타 기물의 명칭과 용도

	머들러 박스 (Muddler Shelf)	포트 (Pot)	오븐 장갑
종류			
용도	• 설탕, 크림, 감미료, 티백, 머들러 등을 상시 보관	• 차/커피 서비스	• 뜨겁게 데운 앙트레(Entrée) 를 밀 트레이에 세팅할 때 사용
취급 요령	• 항상 깨끗하게 정리한다. • 부족한 물품은 항상 채워서 사용한다.	• 내부는 청결하게 헹구고, 외부는 깨끗하게 닦아 사용 한다.	• 갤리 안에서만 사용한다.

② 서비스 아이템

(1) 기내식음료 서비스 아이템

❶ 컵

기내에서 음료수를 서비스할 때는 종이컵과 플라스틱 컵을 사용한다.

✈ 컵의 종류와 용도

	종이컵(Paper Cup)	플라스틱 컵(Plastic Cup)
종류		
용도	• 술 종류를 제외한 모든 음료 서비스	• 술(Alcoholic Beverage) 서비스

❷ 칵테일 냅킨(Cocktail Napkin)

입을 닦는 용도로 제공한다. 서비스할 때는 냅킨의 끝부분을 잡아 승객의 입이 닿는 부분에 손이 닿지 않도록 주의하고 로고가 정면에 보이도록 놓는다.

❸ 머들러(Muddler)

칵테일이나 차, 커피를 서비스할 때 음료를 젓는 용도로 사용한다.

❹ 스트로(Straw) & 컵 리드(Cup Lid)

　어린이 승객에게 음료를 서비스할 때 사용한다. 컵 리드는 음료가 쏟아지지 않도록 하기 위해 사용한다.

| 스트로(Straw), 컵 리드(Cup Lid)

❺ 기타

- 　원두커피 팩(Coffee Pack)
- 　인스턴트 커피(Instant Coffee)
- 　디카페인 커피(Decaffeinated Coffee)
- 　설탕(Sugar) & 크림(Cream)
- 　각종 티백(Tea Bag)
- 　감미료(Sweetener)
- 　소금(Salt) & 후추(Pepper)
- 　고추장(Hot Pepper Paste)
- 　안주용 스낵(Snack)

| 기타

(2) 화장실 용품(Lavatory Item)

- 　스킨(Skin) & 로션(Lotion)
- 　칫솔 & 치약
- 　두루마리 휴지(Toilet Paper)
- 　화장지(Tissue)
- 　핸드 페이퍼 타월(Hand Paper Towel)
- 　1회용 변기 커버
- 　방향 스프레이
- 　3oz 컵
- 　생리대(Sanitary Pad)

| 화장실 용품(Lavatory Item)

(3) 기타 소모품(Dry Item)

- 편의용품(Amenity Kit)
- 어린이용 탑승 기념품(Child Give Away)
- 1회용 물티슈(Disposable Towel)
- 안대(Eye-mask)
- 귀마개(Earplug)
- 볼펜(Ball Pen)
- 플레잉 카드(Playing Card)
- 1회용 비닐장갑
- 면세품 판매용 봉투(Plastic Bag)
- 실(Seal)
- 액상 분유
- 서비스택(Service Tag)

| 드라이 아이템(Dry Item)

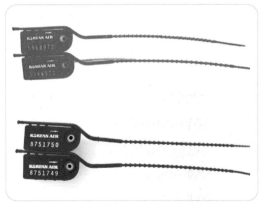

| 실(Seal)

3 기내 엔터테인먼트 서비스(Cabin Entertainment Service)

　승객의 즐거운 항공 여행을 위해 항공사에서는 기종 및 노선별로 각종 영화와 음악, 게임 프로그램 및 각종 통신 서비스를 제공하고 있다. 또한, 마술 공연, 캐리커처, 캘리그라피, 풍선 아트, 뷰티 스타일링 등 승무원이 직접 승객을 대상으로 이벤트를 제공하는 항공사도 있다.

① 기내 오락 프로그램

　기내 오락 프로그램은 좌석 앞에 장착된 개인용 또는 공용 모니터를 통해 이용할 수 있다.

　개인용 모니터를 이용하는 경우에는 승객이 직접 모니터의 스크린을 터치하거나 핸드셋을 이용해 다양한 영화와 단편물, 음악, 게임, 전화를 선택하여 원하는 시간에 편리하게 서비스를 이용할 수 있다. 공용 모니터의 경우에는 기내 앞쪽이나 복도에 공통 화면이 장착돼 있으며, 개인별로 프로그램 및 상영 시점을 선택할 수 없다.

승객이 개인용 모니터를 사용하는 도중에 소리가 나지 않거나 화면 재생에 오류가 발생했을 경우, 먼저 승객의 헤드폰의 연결 상태와 고장 유무를 확인한 후 필요 시 새 헤드폰으로 교체한다. 헤드폰에 이상이 없을 경우에는 기계적인 오류일 수 있으므로 승객에게 양해를 구한 후 해당 모니터가 장착된 좌석의 엔터테인먼트 시스템을 재부팅할 수 있도록 사무장에게 보고하여 조치한다.

② 기내 에어쇼(In-Flight Air Show)

기내 에어쇼는 개인용 또는 공용 모니터를 통해 비행기가 운항하고 있는 위치, 속도 및 외부 온도, 잔여 비행 시간 및 출·도착지의 현지 시간 등 당일 비행과 관련된 정보를 실시간으로 제공하는 영상물을 말한다. 기종에 따라 항공기 외부에 카메라가 장착되어 있어 이착륙하는 상황을 화면으로 볼 수 있다.

③ 기내 무선 엔터테인먼트

승객의 개인 휴대 기기로 기내 와이파이에 접속하여 영화, 뉴스, 단편물, 음악 등의 다양한 엔터테인먼트 서비스를 무료로 이용할 수 있다.

서비스를 이용하고자 하는 승객은 항공기에 탑승하기 전에 관련 애플리케이션을 다운로드 받은 후 탑승해야 한다.

출처: 대항항공 홈페이지(https://www.koreanair.com/in-flight/entertainment)

(1) 좌석 전원 공급 시스템(ISPS: In-Seat Power System)

개인용 전자 기기를 소지하고 탑승하는 승객이 배터리 소모에 대한 걱정 없이 항공 여행을 할 수 있도록 개인용 모니터 또는 좌석 주변에 전원을 충전할 수 있는 좌석 전원 공급 시스템을 갖추고 있다.

(2) 기내 이색 서비스

저비용 항공사를 중심으로 풍선 아트, 마술, 성악, 악기 연주, 뷰티 스타일링, 캘리그라피 등의 이색적인 이벤트를 기획하여 승객에게 즐거움과 감동을 선사하는 항공사들이 늘어나고 있다. 이러한 서비스를 제공하기 위해 승무원들은 전문 교육 기관에서 관련 자격을 취득하거나 소정의 내부 교육 과정을 이수한 후 지정된 노선에 탑승하여 활동하게 된다.

출처: 제주항공 인스타그램(https://www.instagram.com/jj_team_crew)　출처: 티웨이항공 홈페이지(https://www.twayair.com)

(3) 기내 Wi-Fi 및 항공 로밍 서비스

항공사에서 운항하는 특정 기종에서는 기내 Wi-Fi를 연결해 실시간 정보 검색을 할 수 있다. 승객이 소지한 개인 휴대전화나 기기를 통해 원하는 시간만큼의 요금제를 선택하여 유료로 이용할 수 있다. 또한, 승객은 기내 로밍(Roaming) 서비스를 이용해 개인 휴대전화로 음성 통화 및 문자 메시지 전송을 할 수 있다. 기내 로밍 서비스를 이용하려면 휴대전화 비행기 모드를 해제한 후 자동 연결되는 안내 문자 메시지를 수신한다. 기내에서의 로밍 요금은 사용량에 따라 휴대전화 통신사에서 부과한다.

출처: 아시아나항공 홈페이지(https://flyasiana.com)

4 **기내 의료 지원 서비스**

　기내에는 승객에게 일어날 수 있는 갑작스러운 사고 및 환자 발생에 대비해 각종 응급 처치 장비가 탑재되어 있다. 또한, 이러한 상황에 대비해 승무원들은 응급 처치를 위한 교육을 의무적으로 이수한다.

　비행 중 응급 환자가 발생하면 항공사의 24시간 응급지원시스템을 통해 항공 전문의로부터 원격 진료를 받거나 의학적 자문을 구해 위급한 상황을 해결한다. 경우에 따라서는 기내 방송을 통해 승객 중 의사 면허를 소지한 의료인을 호출하여 긴급 상황을 해결하기도 한다.

1 PO$_2$ Bottle

　PO$_2$ Bottle은 비상 사태 및 응급 처치를 목적으로 승객에게 산소를 공급하기 위해 탑재된다. 1분당 공급되는 산소량을 조절할 수 있으며 사용 중에 화재의 위험이 있으므로 화기가 없는 곳에서 사용해야 한다.

② FAK

　FAK(First Aid Kit)는 비행 중 응급 상황에 처한 승객의 사고 및 질병을 응급 처치하기 위해 탑재되는 키트이다. 해열 진통제, 화상 연고 등의 상비약과 붕대, 반창고, 가위, 부목, 삼각건, 소독솜, 암모니아 흡입제, 수술용 장갑, 인공 기도 유지기 등으로 구성되어 있다. FAK는 항공법에 의해 반드시 기내에 탑재되도록 규정되어 있으며 의사의 처방 없이 사용할 수 있으나 사용 전 반드시 기장에게 알려야 한다.

③ EMK

　EMK(Emergency Medical Kit)는 비행 중 응급 환자 발생 시 전문적인 치료를 하기 위한 의약품 및 의료 기구를 보관해 놓은 키트이다. 의사나 기장의 판단으로 키트 내 약품 및 의료 기구의 사용이 가능하다고 간주되는 의료인이 사용할 수 있다. EMK는 왕복편 사용에 대비해 동일한 키트 2개가 탑재된다.

의약품으로는 심혈관 확장제, 진통제, 이뇨제, 안정제, 자궁 수축제 등이 탑재되며 의료 장비로는 앰부백*(Ambu bag), 외과용 소독 장갑, 혈압계, 청진기, 소독 가위, 1회용 주사기, 1회용 수술용 메스 등이 탑재된다.

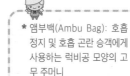

* 앰부백(Ambu Bag): 호흡 정지 및 호흡 곤란 승객에게 사용하는 럭비공 모양의 고무 주머니

④ UPK

환자의 체액을 직접 접촉함으로써 발생할 수 있는 오염 가능성을 줄이기 위해 사용되는 키트이다. 환자의 혈액을 포함한 모든 체액에 의해서 오염된 장비 및 설비는 UPK(Universal Precaution Kit)에 보관한 후 안전하게 폐기한다.

그 밖에 객실 내 위험물이 발견되어 비상 처리 절차를 수행할 경우 오염물 처리용 백(Bag)과 외과 처치용 장갑 등을 이용해 처리한다.

외과 처치용 장갑, 오염물 처리용 백(Bag), 안면 마스크, 보호 가운 등으로 구성되어 있다.

자동심실제세동기(AED)

AED(Automated External Defibrillator)는 심실 세동 환자 발생 시 심장 박동을 복구하는 데 사용된다. 의사 또는 1급 응급 구조사가 사용할 수 있으며 AED 교육을 이수한 승무원은 의사의 관찰하에 사용할 수 있다. 사용 시 환자 주위에 산소가 있으면 치우도록 하며 반드시 금연 상태이어야 한다.

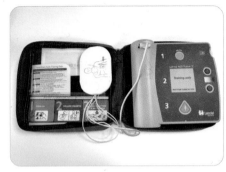

출처: https://marketresearch.biz

사용 설명서, 1회용 면도기, Extra 전기 Pad 1개로 구성되어 있으며, 연령별 사용법을 숙지하여 모든 승객에게 사용할 수 있다.

5 특수 고객 서비스(Special Care Service)

1 비동반 소아(UM)

'비동반 소아(UM: Unaccompanied Minor) 서비스'는 혼자 여행하는 어린이가 출발지 공항에서 탑승권을 받는 순간부터 도착지 공항에서 보호자를 만날 때까지 안전하게 여행할 수 있도록 제공하는 서비스를 말한다.

비동반 소아는 만 5세 이상 만 11세 이하(국내선은 만 12세 이하)의 혼자 여행하는 어린이를 말한다. 동반자가 만 18세 미만(국내선은 만 13세 미만)인 경우와 동반 성인과 다른 클래스의 좌석에 탑승하는 경우에도 해당이 된다.

담당 승무원은 어린이가 안전하고 편안한 여행을 할 수 있도록 정성껏 보살펴야 하며 일부 항공사에서는 5시간 이상의 중/장거리 항공편에서는 어린이 승객의 비행 중 모습을 편지로 작성해 도착지 보호자에게 전달하는 서비스를 제공하기도 한다.

서비스 요금은 통상 항공사에서 지정한 성인 운임이 적용된다.

② 유아 동반 승객

유아(Infant)는 생후 7일 이상부터 항공 여행을 할 수 있다. 항공사에서 규정한 유아는 국내선에서는 생후 7일부터 만 24개월 미만, 국제선에서는 생후 14일부터 24개월 미만을 말하며 별도의 좌석을 배정받지 않는다. 만 24개월이 넘으면 국내선과 국제선에서 모두 소아 운임이 적용된다.

유아를 동반한 승객이 탑승하면 담당 승무원은 탑승구에서부터 승객이 가지고 있는 가방과 유모차 등의 휴대 수하물을 적극적으로 받아서 신속하게 좌석을 안내한다.

승객이 짐을 정리하고 착석한 후에는 담당 승무원임을 소개하고 유아용 요람 등 비행 중 필요한 물품이 있는지 확인한다. 그 밖에 유아를 동반한 경우의 좌석벨트 착용법 및 기저귀 교환대가 있는 화장실의 위치 등을 안내한다.

비행 중에는 수시로 도움이 필요한지 살핀다.

 유아용 요람(Baby Bassinet)

비행 중 유아가 누워서 쉴 수 있도록 기내에 준비된 유아용 요람은 국제선 노선에서 서비스를 제공한다. 기내 벽에 고정하는 형태(Plug in Fitting Type)이므로 예약 시 해당 좌석을 신청한 승객에 한해 이용이 가능하다.

유아용 요람은 이륙 후에 장착하고 착륙 전에 장탈하며 난기류(Turbulence) 시에는 반드시 보호자가 유아를 안도록 안내한다.

유아용 요람 이용 기준은 체중 11kg 이하, 신장 75cm 이하이다.

③ 장애 승객

항공사에서는 몸이 불편한 승객의 편리하고 안전한 여행을 위해 탑승 수속 때부터 승객이 희망하는 좌석을 우선 배정하고 전담 직원을 배치하는 등 세심한 서비스를 제공하고 있다.

승무원은 담당 구역에 장애 고객이 탑승하면 마음에서 우러나는 따뜻한 마음으로 승객을 맞이한다. 비행 중에는 휴대 수하물 보관 및 화장실 이동 등 승객에게 적극적인 도움을 제공하고 승객의 입장에서 불편한 점이 없는지 수시로 살피도록 한다.

(1) 보행 장애 승객

혼자 힘으로 민첩한 이동이 어렵거나 비상 상황 발생 시 신속한 탈출을 위해 타인의 도움이 필요한 승객을 말한다. 개인 지팡이나 휠체어를 이용해 탑승하는 경우가 많으며 일반적으로 비상구 열 좌석을 제외한 비상구 가까운 통로 측 좌석에 배정된다.

기내에서의 자유로운 이동을 위해 휠체어를 신청한 승객에게는 기내에 탑재되는 전용 휠체어(On Board Wheelchair)를 사용할 수 있다.

(2) 시각 장애 승객

사물을 보지 못해 신속한 비상 탈출 시 타인의 도움이 필요한 승객을 말한다. 필요 시 안내견과 함께 탑승하며 성인 동반자가 있는 경우에는 정상 승객으로 간주한다.

담당 승무원은 승무원 호출 버튼(Attendant Call)의 위치 및 좌석 주변 설비의 사용법에 대해 상세히 안내한다.

안내견(Service Animals) 동반 조건

- 공인된 기관의 인증서(ID) 소지
- 하네스(Harness) 착용
- 비행 중 물 이외의 음식물 제공 불가
- 장거리 여행의 경우 환승지에서 음식 공급 가능
- 비행 중에는 승객의 발 아래에 위치

(3) 청각 장애 승객

청각 장애 승객(Deaf)은 승무원의 구두 지시를 듣지 못해 신속한 비상 탈출 시 타인의 도움이 필요한 승객을 말한다. 기내 시설의 위치와 사용법 및 기타 필요한 사항을 글이나 그림 등으로 설명하도록 한다. 성인 동반자가 있을 경우에는 정상인으로 간주한다.

④ 추방자

추방자(Deportee)는 합법, 불법을 막론하고 일단 입국했다가 승객이 일정 기간 경과 후 주재국의 관계 당국에 의해 강제 추방 명령을 받은 승객을 말한다.

객실사무장은 출발지 지상 직원으로부터 받은 해당 승객의 여권 및 관련 서류를 비행 중 보관해야 하며 목적지에 도착한 후 반드시 해당 승객과 함께 도착지 지상 직원에게 인계해야 한다.

 INAD(Inadmissible Passenger)

비자 미소지, 여권 유효 기간 경과 및 비자 목적 이외의 입국 시도 등 입국 결격 사유로 인해 여행 목적지 또는 경유지 국가에서 입국 또는 통과 상륙이 거절된 승객을 말한다.
이 승객의 처리 절차는 추방자 승객 처리 절차에 준한다.

5 임산부

임산부(Pregnant Women)는 환자 승객이나 장애 승객으로 간주되지 않고 제한 없이 자유롭게 여행할 수 있다. 그러나 임신성 고혈압, 당뇨 등의 합병증이 있는 경우 또는 임산부의 주 수가 32주 이상 36주 이하일 경우에는 항공기 탑승 72시간 전에 발급한 산부인과 의사 및 관련 의료인의 진단서 1부

를 지참하고 공항에서 건강 상태 서약서 2부를 작성해서 제출해야 탑승할 수 있다.

임신 37주 이상인 경우에는 임산부와 태아의 건강을 위해 항공기에 탑승할 수 없다.

6 고령자 승객

보호자 없이 여행하는 만 70세 이상의 승객은 공항 내 '도움이 필요한 승객' 전용 카운터에서 탑승 수속을 할 수 있으며 담당 직원이 동행하여 출국 심사 후 탑승구까지 안내하여 안전하게 항공기에 탑승할 수 있도록 돕는다.

해당 서비스 표식이 있는 목걸이를 착용한 승객이 탑승하면 담당 승무원은

출처: https://www.philippineairlines.com

화장실의 위치, 개인 모니터 사용법 등의 기내 시설을 안내하고 목적지에 입국하기 위해 필요한 입국 서류의 작성을 돕는다. 또한 비행 중 승객의 건강 상태를 잘 살피도록 한다.

도착지 공항에서는 탑승구에서 담당 직원이 대기하여 입국 수속을 돕고 수하물 수취대, 도착장까지 안내한다.

7 의료용 침대 사용 승객

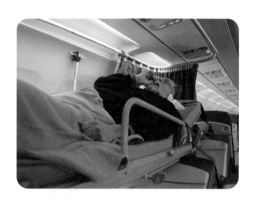

기내에서 앉은 자세로 여행할 수 없는 승객의 안전하고 편안한 여행을 위해 의료용 침대(Stretcher)를 제공한다.

의료용 침대는 예약 시 출발일 기준으로 10일 이내에 전문의가 작성한 '항공 운송을 위한 의사 소견서'를 제출하며 국제선인 경우 항공기 출발 72시간 전, 국내선은 항공기 출발 48시간 전까지 예약해야 한다. 운임은 국내선, 국제선 모두 정상 운임의 6배이다.

Memo

Chapter **3**

기내 식음료의
이해

1 기내 음료의 이해

항공기에서 제공되는 기내식은 서양식을 기본으로 구성되어 있다. 따라서 기내식과 함께 제공되는 기내 음료를 알기 위해서는 서양 음료 문화에 대해 이해하여야 한다.

서양 음료 문화는 음식과의 조화를 중요시하며, 식사를 맛있게 하기 위하여 음료를 마신다고 할 수 있다. 식사 전에는 식욕을 돋우기 위해 달지 않은 음료를 마시며, 식사 중에는 혀나 위에 자극을 주지 않으면서 음식을 더욱 맛있게 먹을 수 있도록 음식과 조화를 이루는 음료를 마신다. 식사 후에는 소화를 촉진할 수 있는 음료를 마신다.

일반적으로 음료는 알코올 음료와 비알코올 음료로 분류된다.

1 알코올 음료

알코올 음료(Alcoholic Beverage)는 알코올을 함유한 음료를 말하며, 우리가 술이라고 부르는 종류들이 모두 포함된다. 알코올이 만들어지는 제조 과정은 다음과 같다.

당분 + 효모 = 알코올 + 탄산가스(CO_2)

(1) 알코올 음료의 분류

❶ 제조법에 따른 분류

알코올 음료를 제조법에 따라 다음과 같이 분류한다.

✈ 제조법에 따른 알코올 음료의 분류

분 류	도수(%)	제조법	종 류
양조주 (Fermented Liquor)	3~20	과일의 당분을 발효시키거나 곡물의 녹말을 당화 과정을 거쳐 발효시켜 여과한 술	와인, 맥주, 탁주, 청주
증류주 (Distilled Liquor)	40~80	양조주를 증류하여 알코올 농도를 진하게 만든 술	브랜디, 위스키, 보드카, 럼, 진, 중국의 고량주
혼성주 (Compounded Liquor)	30~40	양조주나 증류주에 식물의 꽃, 잎, 뿌리, 과일, 껍질을 담가 향미, 맛, 색깔을 침출시키고, 당, 색소를 첨가하여 만든 술	방향 와인, 진, 리큐어류

❷ 마시는 시점에 따른 분류

알코올 음료를 마시는 시점에 따라 다음과 같이 분류한다.

✈ 마시는 시점에 따른 알코올 음료의 분류

분 류	특 징	종 류
식전주 (Before-Meal-Drink = Apéritif)	식사 전 식욕을 돋우기 위해서 마시는 술	샴페인, 칵테일
식중주 (During-Meal-Drink)	식사 시 혀나 위에는 자극을 주지 않으며, 음식과 조화를 이루는 술	와인, 맥주
식후주 (After-Meal-Drink = Digestif)	식사 후 소화를 돕는 역할을 하며 알코올 농도가 높고 감미로운 술	브랜디, 강화 와인, 리큐어류

(2) 알코올 음료의 종류

1) 맥주(Beer)

❶ 특성

- 보리를 싹 틔워 만든 맥아로 즙을 만들어 여과한 후, 홉을 첨가하고 효모로 발효시켜 만든 양조주이다.
- 영양분이 많고 알코올 농도가 4~6%로 낮다.
- 탄산 가스의 청량감을 즐길 수 있도록 6~8℃로 차게 마신다.

| 맥아(Malt)　　　　| 홉(Hop)　　　　| 효모(Yeast)　　　　| 물(Water)

❷ 종류

✵ 생맥주(Draft Beer)

- 가열·살균 과정을 거치지 않은 맥주이다. 신선한 대신 살아 있는 효모나 효소를 포함하고 있어 오래 보존하면 미생물 혼탁이 생기고 맛이 변한다.

✵ 에일 맥주(Ale Beer)

- 상면(上面) 발효 효모*로 만들며, 오랜 전통을 가지고 있다.
- 과일과 같은 향긋한 맛과 진하고 깊은 맛이 특징이다.

✵ 라거 맥주(Lager Beer)

- 하면(下面) 발효 효모*로 만들며, 상면 발효 맥주보다 낮은 온도에서 장시간 저장시켜 만든다.

* 상면(上面) 발효 효모: 맥주를 발효시킬 때 위로 떠오르는 효모
* 하면(下面) 발효 효모: 맥주를 발효시킬 때 아래로 가라앉는 효모

- 부산물이 적어서 깔끔하고 시원한 청량감이 특징이다.
- 전 세계에서 만들어지는 많은 맥주가 라거에 속한다.

✳ 흑맥주(Dark Beer)

- 주로 오래 로스팅한 맥아를 첨가하여 만든 검은 빛의 맥주를 말한다.
- 맥아의 특징이 강조되어 커피나 초콜릿의 향미를 띤다.
- 스타우트 맥주(Stout Beer)는 상면 발효법으로 만든 흑맥주이다. 쓴맛과 탄 맛이 나며 알코올 함유량이 6~8%로 보통 맥주보다 높다.
- 다크 라거 맥주(Dark Lager Beer)는 하면 발효법으로 만든 흑맥주이다. 스타우트 맥주보다는 가볍고 상쾌한 맛이 난다.

| 스타우트 맥주(Stout Beer)　　　　　| 다크 라거 맥주(Dark Lager Beer)

2) 위스키(Whisky)

❶ 특성

- 보리, 옥수수, 호밀, 밀 등의 곡물을 발효시킨 후 증류한 것을 오크통 속에서 저장, 숙성시킨 대표적인 증류주이다.
- 생산지별로 고유한 풍미와 특성을 가지고 있다.
- 스트레이트(Straight), 온더록스(On the Rocks), 칵테일로 마신다.

| 스트레이트(Straight)　　　| 온더록스(On the Rocks)　　　| 칵테일(Cocktail)

음용 방법	설 명
스트레이트 (Straight)	• 술을 얼음 없이 마시는 방식 • 1oz가 적당하며 체이서(Chaser)*를 함께 주문
온더록스 (On The Rocks)	• 얼음 위에 술을 부어서 마시는 방식 • 글라스에 얼음을 가득 채우고 증류주를 2oz 정도 따름

* 체이서(Chaser)
• 뒤쫓아 간다는 의미
• 독한 증류주를 스트레이트로 마신 후 뒤따라 마시는 술 혹은 청량음료
• 맥주, 물, 탄산수(Soda Water), 토닉워터(Tonic Water), 진저에일(Ginger Ale), 주스류(Juice) 등

❷ 종류

✳ 스카치 위스키(Scotch Whisky)

- 스코틀랜드에서 제조한 위스키이다.

- 종류로는 맥아만 사용해서 만든 몰트 위스키(Malt Whisky), 몰트 위스키와 그레인 위스키(Grain Whisky)를 혼합하여 만든 블렌디드 위스키(Blended Whisky)가 있다.

- 몰트 위스키는 특유의 향과 맛을 즐기기 위해 주로 스트레이트로 마신다.

- 몰트 위스키는 글렌피딕(Glenfiddich), 블렌디드 위스키는 시바스 리갈(Chivas Regal), 조니 워커(Johnnie Walker)라는 브랜드가 있다.

| 글렌피딕(Glenfiddich)

| 시바스 리갈(Chivas Regal)

| 조니 워커(Johnnie Walker)

| 짐빔(J&B)

| 올드파(Old Parr)

| 듀어스(Dewar's)

❋ 아메리칸 위스키(American Whisky)

- 미국에서 생산되는 위스키의 총칭이다.
- 종류로는 켄터키주 버번(Bourbon) 지방에서 옥수수를 주원료로 제조하는 버번 위스키(Bourbon Whisky)와 테네시주에서 옥수수를 주원료로 제조되는 테네시 위스키(Tennessee Whisky)가 유명하다. 테네시 위스키는 활성탄으로 여과하는 특징이 있다.
- 버번 위스키의 브랜드로는 짐빔(Jim Beam), 올드 그랜드 대드(Old Grand Dad)가 있고, 테네시 위스키로는 잭 다니엘(Jack Daniel) 등이 있다.

| 짐빔(Jim Beam)

| 잭 다니엘(Jack Daniel)

❋ 캐나디안 위스키(Canadian Whisky)

- 캐나다에서 제조한 위스키로 세계에서 가장 뛰어난 원숙한 맛을 지녔으며 향이 강하다.
- 라이 위스키(Rye Whisky)와 콘 위스키(Corn Whisky)를 섞어서 제조한다.
- 브랜드로는 캐나디언 클럽(Canadian Club) 등이 있다.

| 캐나디언 클럽(Canadian Club)

❋ 아이리시 위스키(Irish Whisky)

- 아일랜드에서 만들어지는 위스키이다.

- 보리를 주원료로 만들어지며 향이 깨끗하고 맛이 부드럽다.

- 브랜드로는 미들턴(Middleton), 제임슨(Jameson) 등이 있다.

| 미들턴(Middleton)
출처: whisky.auction/auctions/
lot/28824/middleton-very-rare

| 제임슨(Jameson)

3) 브랜디(Brandy)

❶ 특성

- 발효시킨 과일즙이나 포도주를 증류해서 만든 증류주이다.

- 식후주로 많이 애용된다.

- 브랜디 특유의 향을 즐기기 위해 입구가 좁고 튤립 모양의 스니프터(Snifter)에 1oz를 담아 상온에서 스트레이트로 마신다.

| 스니프터(Snifter)

- 라벨에 숙성 기간을 V.S(Very Superior), X.O(Extra Old) 등으로 표기한다.

❷ 종류

✳ 코냑(Cognac)

- 브랜디와 동일한 의미로 사용되나 원래는 프랑스의 코냑(Cognac) 지방의 브랜디를 의미한다.

| 레미 마르땡 V.S.O.P
(Remy Martin V.S.O.P)

| 헤네시 V.S.O.P
(Henessy V.S.O.P)

✳ 아르마냑(Armagnac)

- 프랑스 아르마냑 지방에서 생산된다.

✳ 칼바도스(Calvados)

- 프랑스 노르망디에 있는 칼바도스 지역의 특산물인 사과로 만든다.

4) 진(Gin)

❶ 특성

- 호밀, 대맥, 옥수수를 원료로 한 증류주에 노간주 나무 열매(Juniper Berry, 주니퍼베리)의 향미를 추출, 혼합하여 제조한 일종의 혼성주로 숙성시키지 않은 술이다.
- 주로 칵테일로 마시며 스트레이트로도 마신다.

| 노간주나무 열매(Juniper Berry)

❷ 종류

브랜드로는 비피터(Beefeater), 탄카레이(Tanqueray), 봄베이 사파이어(Bombay Sapphire) 등이
있다.

| 비피터(Beefeater)

| 탄카레이(Tanqueray)

| 봄베이 사파이어(Bombay Sapphire)

5) 보드카(Vodka)

❶ 특성

- 곡물을 이용하여 만든 증류주를 활성탄에 여과한 술로 무색, 무취, 무향이 특징
  이다.
- 주로 러시아에서 발달한 술로 냉각(Freezing)시켜서 캐비아(Caviar)와 함께 스트레이트
  로 마시는 전통이 있다.
- 순수한 알코올 맛을 내기 때문에 다양한 칵테일로 만들어 마신다.

❷ 종류

- 브랜드로는 앱솔루트 보드카(Absolut Vodka), 스톨리치나야(Stolichnaya) 등이
  있다.

| 앱솔루트 보드카(Absolut Vodka)

| 스톨리치나야(Stolichnaya)

6) 럼(Rum)

❶ 특성

- 사탕수수에서 얻은 당밀*을 발효하여 증류한 술이다.
- 뱃사람의 술이라 하여 옛날부터 선원들에게 널리 사랑받아왔다.
- 감미로운 향이 있어 제과용으로 사용되기도 한다.
- 스트레이트 또는 칵테일로 마신다.

> *당밀: 사탕수수를 설탕으로 가공할 때 부수적으로 나오는 시럽

❷ 종류

- 생산지나 제조법에 따라 화이트 럼(White Rum), 골드 럼(Gold Rum), 다크 럼(Dark Rum)이 있다.
- 브랜드로는 바카디(Bacardi) 등이 있다.

| 바카디 화이트 럼
(Bacardi White Rum)

| 바카디 골드 럼
(Bacardi Gold Rum)

7) 리큐어(Liqueur)

❶ 특성

- 위스키, 브랜디, 럼과 같은 증류주에 과실, 과즙, 약초 등의 성분과 설탕, 꿀, 시럽 등의 감미료를 넣어 만든 혼성주이다.
- 알코올 도수가 30~40%로 높고 단맛이 강하여 식후주로 마신다.
- 맛과 색깔 때문에 칵테일의 재료로 사용되기도 한다.

❷ 종류

- 약초계: 베네딕틴(Bénédictine), 드람브이(Drambuie), 크렘 드 망트(Crème de Menthe)

| 베네딕틴
(Bénédictine)

| 드람브이
Drambuie)

| 크렘 드 망트
(Crème de Menthe)

- 과일계: 쿠앵트로(Cointreau), 그랑 마니에르(Grand Marnier), 크렘 드 카시스(Crème de Cassis), 캄파리(Campari)

| 쿠앵트로
(Cointreau)

| 그랑 마니에르
(Grand Marnier)

| 크렘 드 카시스
(Crème de Cassis)

| 캄파리
(Campari)

- 너츠/종자/핵(核)계: 깔루아(Kahlua)
- 특수계(크림 리큐어): 베일리스(Bailey's)

| 깔루아
(Kahlua)

| 베일리스
(Bailey's)

2 비알코올 음료(Non-Alcoholic Beverage)

알코올이 함유되어 있지 않은 모든 음료를 말한다.

(1) 청량음료(Soft Drink)

❶ 탄산음료(Carbonated Drink)

콜라(Coke/Pepsi), 다이어트 콜라(Diet Coke/Diet Pepsi), 레몬·라임 소다(7-up/Sprite), 천연 탄산수 (Perrier), 소다 워터(Soda Water), 토닉워터(Tonic Water), 진저에일(Ginger Ale) 등이 있다.

| 콜라, 스프라이트

| 페리에(Perrier)

| 믹서류(Mixer)

❷ 비탄산음료(Non-Carbonated Drink)

생수(Mineral Water)가 있다.

(2) 영양 음료(Nutrition Drink)

❶ 주스류

오렌지주스(Orange Juice), 파인애플주스(Pineapple Juice), 토마토주스(Tomato Juice), 구아바주스 (Guava Juice), 사과주스(Apple Juice) 등이 있다.

❷ 우유류

저지방 우유(Low Fat Milk), 강화 우유(Fortified Milk) 등이 있다.

(3) 기호 음료(Fancy Drink)

❶ 커피류

- 원두커피(Brewed Coffee), 에스프레소 커피(Espresso Coffee), 인스턴트 커피(Instant Coffee), 디카페인 커피(Decaffeinated Coffee) 등이 있다.
- 에스프레소 커피를 이용하여 다양한 커피 메뉴를 만들 수 있다.

| 에스프레소
(Espresso)

| 카페라떼
(Cafe Latte)

| 카푸치노
(Cappuccino)

| 카페 마키아토
(Cafe Macchiato)

| 카페모카
(Cafe Mocha)

| 카페 콘 판나
(Cafe Con Panna)

| 아인슈페너
(Einspanner)

| 아포가토
(Affogato)

❷ 차류

- 녹차, 우롱차, 홍차, 허브차 등이 있다.
- 찻잎의 발효 유무와 발효 정도에 따라서 녹차, 우롱차, 홍차 등으로 구분된다.

| 녹차(Green Tea)

| 우롱차(Oolong Tea)

| 홍차(Black Tea)

- 허브차는 향기 나는 식물의 잎 따위를 뜨거운 물에 우린 차를 가리킨다.
- 허브차의 종류로는 캐모마일차, 페퍼민트차, 히비스커스차 등이 있다.

| 캐모마일차
(Chamomile Tea)

| 페퍼민트차
(Peppermint Tea)

| 히비스커스차
(Hibiscus Tea)

제조법에 따른 알코올 음료 분류	
마시는 시점에 따른 알코올 음료 분류	
맥주의 특성과 종류	
위스키의 특성과 종류	
브랜디의 특성과 종류	

진의 특성과 종류(브랜드)	
보드카의 특성과 종류 (브랜드)	
럼의 특성과 종류	
리큐어의 특성과 종류	
청량음료의 종류	
영양 음료의 종류	
기호 음료의 종류	• 커피류
	• 차류

2 기내 음료 서비스 실습

기내 음료는 기내식 서비스를 기점으로 먼저 식전 음료(Aperitif)를 제공하고 식사 중에는 메뉴에 따라 와인이나 기내식과 어울리는 음료를 제공하며 식사 후에 커피 또는 차를 제공한다. 이 밖에도 비행 중 수시로 승객이 원하는 음료를 준비하여 제공한다.

① 기내 음료 서비스 기본 원칙

기내 음료를 제공할 때는 승객이 원하는 시점에 승객이 요청하는 음료를 올바른 서비스 매너로 정성스럽게 서비스하는 것이 중요하다.

언제나 편안한 표정과 밝은 태도, 단정한 용모와 복장을 갖추어야 하고, 서비스 시작 전 반드시 손을 씻고 청결을 유지하며 과도한 핸드크림이나 강한 향수의 사용은 지양한다.

서비스는 L side 승객부터 시작하며 음료를 서비스할 때는 손가락을 가지런히 모은다. 동작의 속도는, 갈 때는 보통으로, 잠시 정지한 후 되돌아올 때는 천천히 하며 고객 응대의 시작과 마무리에는 눈맞춤을 한다.

음료를 서비스하거나 회수할 때는 절대 승객의 머리 위를 스쳐 지나는 일이 없도록 주의한다.

뜨거운 음료는 뜨겁게, 차가운 음료는 차갑게 서비스하는 게 원칙이다.

(1) 주문 받을 때

- 기내에서 제공할 수 있는 음료의 종류와 제조법을 숙지하여 승객의 기호와 취향에 맞는 음료를 적극적으로 추천한다.
- 승객에게 음료를 추천할 때는 가급적 외래어나 전문 용어의 사용은 삼가며 누구나 알 수 있도록 쉬운 표현으로 설명한다.
- 주문을 받을 때는 메모지를 준비하여 승객의 좌석번호 및 주문 내용을 메모하고 복창하여 재확인한다.

(2) 서비스할 때

- 승객이 주문한 내용을 잘 확인하여 착오가 없도록 서비스한다.
- 승객을 정면으로 바라보고 가급적 왼쪽 승객에게는 왼손으로, 오른쪽 승객에게는 오른손으로 제공한다.
- 준비한 음료를 제공할 때는 항상 트레이 테이블(Tray Table)을 편 후 테이블 위에 놓는다.

 컵(Cup)을 잡는 방법

- 엄지손가락, 집게손가락과 가운뎃손가락으로 컵의 하단 부분을 잡고 나머지 두 손가락으로 밑바닥을 받친다.
- 로고가 있는 경우 로고가 승객의 정면에 오도록 서비스한다.
- 입이 닿는 컵의 윗부분은 만지지 않으며 컵 안쪽에 손가락이 들어가지 않도록 한다.

- 승객 오른쪽에 먼저 칵테일 냅킨을 놓은 후 주문한 음료를 그 위에 올려놓는다.
- 컵을 테이블 위에 놓을 경우 소리가 나지 않도록 공손히 놓는다.
- 로고(Logo)가 새겨져 있는 컵, 칵테일 냅킨, 설탕, 크림 등은 로고가 승객의 정면에 바르게 오도록 놓는다.
- 창가 승객에게 먼저 서비스하고, 남녀 승객이 같이 앉은 경우에는 여자 승객에게, 어린이와 노인 승객이 있는 경우에는 어린이와 노인 승객에게 우선적으로 서비스한다. 어린이 승객의 경우 필요 시 스트로(Straw)와 컵 리드(Cup Lid)를 사용해 서비스하며 음료는 컵의 약 1/2 정도 채워 제공한 후 리필(Refill)한다.

- 알코올 음료는 승객의 상태를 고려하여 제공한다.
- 카트로 서비스를 하는 경우를 제외한 모든 음료는 단 한 잔이라도 반드시 트레이를 사용하여 칵테일 냅킨과 함께 제공한다.
- 트레이를 잡고 이동할 때는 트레이의 위치가 허리 아래로 떨어지지 않도록 한다.

트레이(Tray)를 이용하여 서비스하기 & 회수하기

- 트레이는 긴 쪽이 통로와 평행이 되도록 잡으며, 엄지손가락은 트레이의 위쪽에 두고 나머지 손가락으로 아랫부분을 감싸 잡는다.
- 트레이를 잡는 높이는 허리선과 수평이 되게 맞추어 승객에게 트레이 밑바닥이 보이지 않게 한다.
- 승객을 응대할 때 몸은 승객을 바라보는 방향으로 하되 트레이는 항상 통로와 평행을 유지한다.
- 오른쪽 승객을 응대할 때는 트레이를 왼손으로 잡고 오른손으로 서비스하며, 왼쪽 승객을 응대할 때는 트레이를 오른손으로 잡고 왼손으로 서비스한다.
- 트레이는 옆구리에 끼거나 흔들고 다니지 않는다.
- 트레이를 이용하여 회수한 아이템은 몸에 가까운 쪽부터 놓는다. 특히, 무거운 것이나 부피가 큰 것, 높이가 높은 것은 몸에 가까운 쪽으로 놓는 것이 안전하다.

(3) 회수할 때

- 음료를 회수할 때는 승객의 만족도 및 리필 여부를 확인한다.
- 승객에게 회수 의향을 확인한 후 회수한다.
- 회수는 음료를 서비스한 순서와 동일한 순서로 하는 것을 원칙으로 하나, 승객이 요구할 때는 먼저 회수한다.
- 통로 쪽 승객부터 회수하며 창가 승객이 먼저 끝난 경우에는 통로 쪽 승객의 양해를 구한 후 먼저 회수한다.

❷ 기내 음료 서비스 요령

(1) 차가운 음료(Cold Beverage)

- 차가운 음료는 차게 칠링(Chilling)하여 제공한다.
- 얼음을 넣어 서비스하는 경우 컵에 얼음을 먼저 넣고 그 위에 음료를 따른다.

▷ 차가운 음료 서비스 요령

종류	서비스 요령
맥주	• 맥주의 종류를 주문 받아 칠링(Chilling)한 맥주와 스낵을 함께 제공한다. • 맥주 캔을 오픈하여 맥주가 넘치지 않도록 컵의 1/2 정도 따른 후 캔도 함께 제공한다. • 안주는 컵의 왼쪽에 놓는다.
생수	• 생수는 차갑게 보관하여 얼음 없이 제공한다.
주스	• 칠링하여 준비하며 승객이 원하는 경우 얼음을 넣어 제공한다.
탄산음료	• 차갑게 칠링하여 플라스틱 컵에 따라서 제공한다. 승객이 원하는 경우 얼음을 넣어 제공한다.
우유	• 우유팩이 젖지 않도록 차가운 상태로 보관하며 컵에 따라 제공한다.

(2) 뜨거운 음료(Hot Beverage)

- 뜨거운 음료는 뜨겁게 제공한다.
- 반드시 뜨겁다는 안내와 함께 제공한다.

뜨거운 음료 서비스 요령

종 류		서비스 요령
커피	원두커피	• 신선한 맛과 향의 커피를 제공하기 위해 서비스 직전에 브루시켜 뜨겁게 제공한다. • 브루하고 20분 이상 경과된 커피는 서비스하지 않는다. • 설탕과 크림을 주문 받는다. • 설탕과 크림을 주문 받은 경우 머들러도 함께 제공한다.
	인스턴트 커피	• 포트로 제공할 경우 가루 커피를 담아 뜨거운 물을 부어 농도와 맛을 잘 맞춘 후 신선하게 제공한다.
	디카페인 커피	• 개별 요청이 있을 때 제공하며 1회용 커피 팩을 뜯어 컵에 담고 뜨거운 물을 부어 잘 저은 후 설탕, 크림을 주문 받아 제공한다.
차	홍차	• 뜨거운 물을 컵의 2/3 정도 따르고 티백(Tea Bag)은 포장된 채 별도로 제공한다. • 설탕, 레몬 슬라이스를 주문 받아 제공하며 밀크티를 주문한 경우에는 우유 소량을 종이컵에 따라 제공한다.
	녹차	• 뜨거운 물을 컵에 제공하고 티백은 포장째 따로 제공한다.

3　와인의 이해

① 와인의 특성

(1) 천연 발효주

와인(Wine)은 넓은 의미로 과일의 천연 과즙을 발효시킨 발효주를 의미하며 일반적으로 포도로 만든 것을 말한다. 포도는 당과 효모를 동시에 가지고 있어서 자연 발효를 통해 와인이 만들어진다.

(2) 알칼리성 알코올 음료

와인은 체내에서 알칼리성으로 작용하므로 산성 식품인 육류를 섭취할 경우 중화시키는 역할을 한다.

칼륨, 칼슘, 나트륨 등 다량의 무기질을 포함하고 있다. 특히 레드 와인은 항산화제 작용을 하는 폴리페놀을 다량 함유하고 있어 건강 음료라 할 수 있다.

(3) 포도의 수확 연도(Vintage)에 따른 향취와 맛

포도를 수확하는 해의 기후가 포도의 품질을 결정하는 데 크게 영향을 끼친다. 포도를 수확하는 해에 일조량이 풍부하고 강우량이 비교적 적으면 당도가 높고 신맛이 적어지며 색깔이 짙어진다. 따라서 같은 포도밭에서 수확한 포도로 만든 와인도 포도의 수확 연도에 따라 향취와 맛에 차이가 있다.

(4) 요리와 조화를 이루는 식중주

와인의 알코올 도수는 12% 정도로 낮은 편이어서 식사와 잘 어울린다. 서양식 코스별 식사에 따라서 아래와 같은 순서로 음식과 조화를 이루면서 와인을 선택한다.

라이트(Light)—헤비(Heavy)—라이트(Light)

일반적으로 붉은살 고기류에는 레드 와인이, 흰살 고기류, 생선, 해산물에는 화이트 와인이 잘 어울리나 조리 방법이나 곁들이는 소스류에 따라서 달라질 수 있다.

② 와인의 분류

(1) 색에 따른 분류

대표적인 레드 와인용 포도 품종으로는 카베르네 소비뇽(Cabernet Sauvignon), 피노누아(Pinot Noir), 가메(Gamay) 등이 있으며, 화이트 와인용 포도 품종으로는 샤르도네(Chardonnay), 소비뇽 블랑(Sauvignon Blanc), 게뷔르츠트라미너(Gewurztraminer) 등이 있다.

❋ 레드 와인 품종

| 카베르네 소비뇽
　(Cabernet Sauvignon) 　　　| 피노누아(Pinot Noir) 　　　| 가메(Gamay)

❋ 화이트 와인 품종

| 샤르도네(Chardonnay) 　　　| 소비뇽 블랑
　(Sauvignon Blanc) 　　　| 게뷔르츠트라미너
　(Gewurztraminer)

와인은 색에 따라 다음과 같이 분류한다.

 색에 따른 와인의 분류

종 류	특 성
레드 와인 (Red Wine)	적포도의 껍질, 알맹이, 씨를 발효시킨 후, 착색 후 씨와 껍질을 분리시킨다.
로제 와인 (Rosé Wine)	레드 와인과 마찬가지로 발효시키다가 적포도의 껍질에서 핑크색으로 착색이 되었을 때 껍질을 분리시킨다.
화이트 와인 (White Wine)	청포도나 적포도의 껍질, 씨 등을 제거한 후 과즙만을 발효시킨다.

(2) 당도에 따른 분류

와인은 당도에 따라 다음과 같이 분류한다.

 당도에 따른 와인의 분류

종 류	특 성
드라이 와인* (Dry Wine)	양조 시 포도의 당분이 남아 있지 않도록 완전히 발효시켜서 만든다.
스위트 와인* (Sweet Wine)	양조 시 포도의 당분이 적당히 남아 있을 때 발효를 중지시킨다.

* 드라이 와인(Dry Wine):
  잔여 당 함량이 1% 미만이며, 단맛이 거의 남지 않은 와인을 말한다.
* 스위트 와인(Sweet Wine):
  당 함량이 2% 이상이며, 마셨을 때 달다고 느껴지는 와인을 말한다.

(3) 생산지에 따른 분류

나라마다 지리적 위치, 기후 등에 따라 각각의 전통을 가지고 특색 있는 와인을 생산하고 있다. 와인은 생산지에 따라 다음과 같이 분류한다.

✈ 생산지에 따른 와인의 분류

종 류	와인 산지
프랑스 와인	보르도(Bordeaux), 부르고뉴(Bourgogne),* 샹파뉴(Champagne), 알자스(Alsace)
이탈리아 와인	키안티(Chianti)
독일 와인	라인(Rhein), 모젤(Mosel)
스페인 와인	헤레스(Jerez)*
포르투칼 와인	포르투(Porto)*
미국 와인	캘리포니아(California)

* 부르고뉴(Bourgogne): 영어로 버건디(Burgundy)라고 한다.
* 헤레스(Jerez): 영어로 셰리(Sherry)라고 한다.
* 포르투(Porto): 영어로 포트(Port)라고 한다.

| 보르도 와인
(Bordeaux Wine)

| 부르고뉴 와인
(Bourgogne Wine)

| 샹파뉴
(Champagne)

| 알자스 와인
(Alsace Wine)

| 키안티 와인
(Chianti Wine)

| 라인 와인
(Rhein Wine)

| 모젤 와인
(Mosel Wine)

| 셰리 와인
(Sherry Wine)

| 포트 와인
(Port Wine)

| 캘리포니아 와인
(California Wine)

(4) 제조법에 따른 분류

와인은 제조법에 따라 크게 4가지로 다음과 같이 분류한다.

제조법에 따른 와인의 분류

종 류	특 성
비발포성 와인 (Still Wine)	• 발효할 때 발생하는 탄산가스(CO_2)를 제거시켜서 만드는 와인이다. 주로 식중주로 사용된다.
발포성 와인 (Sparkling Wine)	• 1차 발효 후에 당분과 효모를 첨가하여 2차 발효를 통해 발생하는 탄산가스를 그대로 함유시킨 와인이다. 통상 샴페인(Champagne)이라고도 한다.
강화 와인 (Fortified Wine)	• 와인을 제조하는 과정에서 그 지방의 브랜디를 첨가하여 만든 와인이다. • 스페인의 셰리 와인과 포르투칼의 포트 와인, 마데이라 와인 등이 있다.
방향 와인 (Aromatized Wine)	• 와인에 독특한 향신료, 약초 등을 첨가하여 향미를 좋게 한 와인이다. • 프랑스의 드라이 베르무트(Dry Vermouth), 이탈리아의 스위트 베르무트(Sweet Vermouth) 등이 있다.

| 비발포성 와인
(Still Wine)

| 발포성 와인
(Sparkling Wine)

| 강화 와인
(Fortified Wine)

| 방향 와인
(Aromatized Wine)

3 와인 라벨(Wine Label)의 이해

　와인의 품질과 와인에 대한 전반적인 정보가 표기되어 있다. 일반적으로 생산 국가, 와인명, 포도의 수확 연도(Vintage), 포도 품종, 와인 등급, 생산 지역, 포도원에서 병입 여부, 생산지 주소, 용량, 알코올 도수 등을 표기한다.

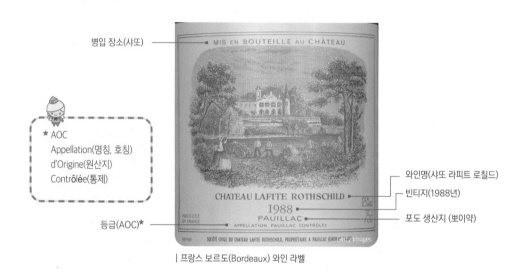

병입 장소(샤또)

* AOC
　Appellation(명칭, 호칭)
　d'Origine(원산지)
　Contrôlée(통제)

등급(AOC)*

와인명(샤또 라피트 로칠드)

빈티지(1988년)

포도 생산지 (뽀이약)

| 프랑스 보르도(Bordeaux) 와인 라벨

　국가별, 생산지별 와인 라벨의 모양과 표기되는 내용은 조금씩 상이하다.

| 프랑스 부르고뉴(Bourgogne)

| 미국 캘리포니아(California)

4 와인의 보관

병입 후에도 와인은 살아 있는 생명체와 같기 때문에 보관 방법에 따라 와인의 가치가 달라질 수 있다. 와인을 제대로 보관하기 위해서는 다음과 같은 조건을 갖추어야 한다.

첫째, 빛을 차단해야 한다. 빛은 와인을 산화시키므로 어두운 곳에 보관한다.

둘째, 온도는 12~13℃ 정도로 일정하게 유지한다. 온도가 높으면 지나치게 숙성되어 산화되고, 온도가 낮으면 와인의 향을 잃게 되며 숙성되지 않는다.

셋째, 습도는 65~80% 정도로 유지한다. 와인은 코르크(Cork) 마개를 사용하고 있다. 코르크가 건조하게 되면 병 속으로 외부 공기가 유입되어 와인을 부패하게 만든다. 따라서 와인 보관 시에는 코르크 마개가 촉촉이 유지되도록 눕혀서 보관해야 한다.

넷째, 진동이 없는 곳이어야 한다. 진동으로 인해 와인의 맛과 향이 변질될 수 있다. 따라서 와인을 보관할 때는 진동을 최소화하여 고유의 맛과 향을 유지하도록 한다.

| 와인 셀러*(Wine Cellar)

* 와인 셀러(Wine Cellar): 와인을 저장하는 곳

5 와인 칠링

와인 고유의 맛과 향을 최상의 상태로 즐길 수 있도록 와인의 특성에 따라 적정한 온도로 보관하고 마신다.

(1) 화이트 와인, 로제 와인 보졸레누보 와인

6~12℃ 정도로 차게 마신다. 칠링할 때는 와인 라벨을 비닐 팩이나 랩으로 감싸서 라벨이 손상되거나 젖지 않도록 유의한다. 더운 날씨에는 마시는 동안 실내 온도로 인해 와인의 온도가 상승할 수 있으니 더 차게 칠링한다.

스위트 와인이나 스파클링 와인은 4~6℃ 정도로 칠링한다.

(2) 레드 와인

15~20℃ 정도로 보관한다. 레드 와인은 차갑게 마실 경우 고유의 향이 발산되지 않아 제맛을 느낄 수 없다. 반면 높은 온도일 경우에는 알코올 향에 가려서 와인의 향이 둔해진다.

6 와인 브리딩

와인 브리딩(Wine Breathing)은 와인을 마시기 전에 코르크를 미리 제거하여 일정 시간 숨을 쉬게 하는 것이다. 와인 제조 과정에서 오랜 숙성 기간을 거치면서 병 속에 남아 있는 거친 맛이 공기 중의 산소와 접촉함으로써 와인의 향미가 되살아나는 과정이다.

(1) 화이트 와인

와인을 마시기 10~30분 정도 전에 오픈하여 브리딩시킨다.

(2) 레드 와인

레드 와인은 화이트 와인에 비해 오랜 숙성 기간을 거쳤기 때문에 30분~2시간 정도 전에 오픈하여 충분히 브리딩시킨다.

와인의 특성	
와인과 음식의 조화	
포도 품종	• Red Wine • White Wine
와인의 분류 (색에 따른 분류)	
와인의 분류 (당도에 따른 분류)	
와인의 분류 (생산지에 따른 분류)	

와인의 분류 (제조법에 따른 분류)		
와인의 라벨 (Wine Label)		• 와인명
		• 생산지
		• Vintage
		• 와인 등급
		• 알코올 도수
		• 용량
와인의 보관 조건		
와인 칠링 (Wine Chilling)	• White Wine	
	• Red Wine	
와인 브리딩 (Wine Breathing)	• 의미	
	• White Wine	
	• Red Wine	

4 와인 서비스 실습

① 와인 서비스 도구

(1) 와인글라스

일반적으로 사용되는 와인글라스는 림(Rim), 보울(Bowl), 스템(Stem), 베이스(Base)로 구성되어 있다. 림 부분이 좁아지는 이유는 와인의 향기가 밖으로 나가지 않고 글라스 안쪽으로 모이도록 하기 위해서이다. 스템은 사람의 체온이 와인에 직접적으로 전달되지 않도록 만들어진 것이다. 그리고 와인의 색깔을 즐기기 위해서는 글라스가 무색 투명하고 두께는 얇을수록 좋다.

| 와인글라스(Wine Glass)

(2) 와인 오프너

와인 오프너(Wine Opener)는 와인의 코르크마개를 제거하기 위한 도구이다. 스크루(Screw)를 코르크 마개 중앙에 박아 넣고 손잡이를 돌려주면 자동으로 날개가 올라간다. 올라오는 날개를 눌러 주면 쉽게 마개를 딸 수 있다. 이 외에 여러 종류의 와인 오프너가 있다.

| 와인 오프너(Wine Opener)

(3) 와인 서버

와인 서버(Wine Server)는 와인을 쉽고 안전하게 와인 글라스에 따를 때 사용하는 도구이다. 와인 서버를 사용하면 쉽고 깔끔하게 와인을 와인 글라스에 따를 수 있다.

| 와인 서버(Wine Server)

(4) 와인 바스켓

와인 바스켓(Wine Basket)은 와인 용어에서는 와인 크레이들(Wine Cradle)이라고 한다. 레드 와인을 쉽고 안전하게 와인글라스에 따를 때 사용하는 도구이며 항공사 퍼스트·비즈니스 클래스에서 여러 가지 와인을 동시에 승객 앞에 가져가서 종류를 안내하고 서비스할 때 사용된다.

(5) 와인 린넨

와인을 따를 때 와인병을 감싸 손으로 체온이 전달되는 것을 방지할 수 있으며, 차갑게 한 와인병에 맺힌 물방울이나 와인을 따를 때 흐르는 와인 방울을 닦을 수 있다. 와인병을 감쌀 때 와인 라벨을 가리지 않도록 하며, 항상 깨끗한 린넨을 사용하도록 한다.

| 와인 바스켓(Wine Basket)

| 와인 린넨(Wine Linen)

(6) 디켄터

와인의 침전물을 분리하는 작업을 와인 디켄팅(Wine Decanting)이라고 하며 이때 사용하는 유리로 만든 도구를 디켄터(Decanter)라고 한다.

침전물이 있는 레드와인의 경우, 그냥 서비스하면 와인의 침전물이 글라스에 섞여 들어갈 염려가 있으므로 디켄팅을 실시한다. 와인병을 1~2시간 세워둔 후 와인 병목 부분에 촛불 또는 전등을 비춘 상태에서 와인을 디켄터로 천천히 옮겨 따른다. 침전물이 보이기 시작하면 따르는 것을 멈추어 순수한 와인과 침전물을 분리시킨다.

| 디켄터(Decanter)

② 와인 오픈

와인을 오픈하는 방법은 다음과 같다.

- 칼을 이용하여 병목 아랫부분에서 칼집을 넣어 캡슐을 제거한다.
- 노출된 코르크 마개 상태를 확인하고 더럽거나 곰팡이가 있으면 깨끗하게 닦는다.
- 와인 오프너의 스크루 끝부분을 코르크의 중앙에 맞춰 꽂는다.
- 손잡이를 천천히 돌려서 스크루가 코르크 마개 안쪽까지 들어가도록 한다. 스크루 끝부분이 코르크 마개를 통과하여 부스러기가 와인 안으로 떨어지지 않도록 유의한다.
- 스크루 끝부분이 코르크의 안쪽까지 들어가면 코르크를 빼낸다.
- 빼낸 코르크의 상태를 확인한다.

③ 와인 푸어링(Wine Pouring)

* 펀트(Punt): 병 바닥에 움푹 들어간 곳으로 와인의 침전물을 모이게 하고, 와인을 따를 때 손으로 쥐기에 편리하게 되어 있다.

- 와인을 따를 때는 와인 라벨이 보이도록 와인병을 잡는 방법이 일반적이다.
- 병 아래의 펀트* 부분에 엄지손가락을 넣어 와인병을 잡고 따르기도 한다.
- 와인병을 잡은 반대쪽 손목에 깨끗한 와인 린넨을 길게 4등분으로 접어서 건다.
- 식사하는 동안 와인 잔량이 와인 글라스의 1/3 이하인 경우 리필한다.
- 처음 선택한 와인과 다른 종류의 와인을 주문할 경우 새 와인 글라스에 제공한다.
- 와인 푸어링(Wine Pouring) 순서는 다음과 같다.

◁ 와인 푸어링 순서

Step 1	라벨 쇼잉 (Label Showing)	• 와인 라벨을 보이면서 와인을 소개한다. (생산국-지역명-Color-와인명 순)
Step 2	푸어링 (Pouring)	• 와인 글라스의 1/2~2/3 정도까지 따른다. • 와인 글라스 가장자리에 병을 대지 않는다.
Step 3	스톱 & 트위스트 (Stop & Twist)	• 와인을 따른 후, 와인의 병목을 위쪽으로 들어 올려 멈춘다. • 와인병을 시계방향으로 돌린다. • 와인 서버를 사용할 경우 트위스트 동작을 하지 않는다.
Step 4	아이 콘택트 & 스마일 (Eye Contact & Smile)	• 와인을 따른 후에는 눈맞춤을 하며 미소를 짓는다.

| 라벨 쇼잉(Label Showing)

| 푸어링(Pouring)

| 스톱 & 트위스트(Stop & Twist)

④ 와인 테이스팅(Wine Tasting)

- 와인을 마시기 전에 색, 향, 맛을 시음하는 절차이다.
- 와인은 종류와 숙성 기간에 따라 특유의 향과 맛을 가지고 있다. 따라서 와인 테이스팅을 통해 와인 본연의 빛깔과 투명도, 향, 맛을 음미할 수 있다.
- 와인 테이스팅의 순서는 다음과 같다.

 와인 테이스팅 순서

* 와인의 향기: 포도 품종에서 나오는 고유의 아로마(Aroma)향과 오크통과 병 속에서 숙성하는 동안 만들어진 부케(Bouquet)향이 어우러져 나는 은은한 향

빛깔과 투명도 (Appearance)	향기 (Aroma / Bouquet)	맛 (Taste)
• 와인 글라스를 들어 빛깔과 투명도를 감상한다.	• 와인 글라스를 흔들어서(Swirling) 와인의 향기*를 맡는다.	• 한 모금을 입안에서 굴리고 맛을 음미하며 삼킨다.

와인 서비스를 실습해봅시다.

와인은 승객에게 먼저 와인 테이스팅을 권유한 후 승객의 의향을 확인하고 서비스한다. 와인 서비스 방법은 다음과 같다.

① 라벨 쇼잉과 함께 와인을 소개한다.　　　　　　　　　　[Label Showing]

② 와인 글라스의 1/3 정도까지 따른다.　　　　　　　　　[Pouring - Stop & Twist]

③ 승객이 와인 테이스팅하는 동안 계속 라벨 쇼잉을 한다.　[Label Showing]

④ 와인 테이스팅 후 좋다고 답하면 글라스의 2/3까지 따른다.　[Pouring - Stop & Twist]

⑤ 승객에게 인사말과 함께 눈맞춤을 하며 미소를 짓는다.　　[Eye Contact & Smile]

REVIEW

와인 서비스 도구	• 와인글라스
	• 와인 오프너
	• 와인 서버
	• 와인 바스켓
	• 와인 린넨
	• 디켄터
와인 푸어링 방법	
와인 테이스팅	

칵테일의 이해

① 칵테일의 특성

칵테일(Cocktail)은 두 가지 이상의 술을 섞거나 부재료를 혼합해서 마시는 알코올 음료이다. 알코올 도수가 낮고 식욕을 증진시켜주기 때문에 식전주로 적합하다. 색깔, 향기, 맛이 조화를 이루는 예술품이라고 할 수 있다.

② 칵테일 기본 요소

칵테일의 기본 요소는 다음과 같다.

▷ 칵테일 기본 요소

기본 요소	설 명
베이스 (Base)	• 칵테일의 기본이 되는 술(Liquor)
믹서 (Mixer)	• 칵테일의 베이스와 섞이는 음료 • 탄산수, 토닉워터, 진저에일, 주스류 등
시즈닝 (Seasoning)	• 칵테일 제조 시 사용되는 양념류 • 타바스코 소스, 우스터 소스, 설탕, 소금, 후추 등
가니시 (Garnish)	• 칵테일의 맛을 더하거나 돋보이게 하기 위한 장식 • 레몬, 라임, 오렌지, 체리, 파인애플, 올리브, 셀러리 등

시즈닝

| 타바스코 소스(Tabasco Sauce)

| 우스터 소스(Worcestershire Sauce)

 가니시

| 레몬

| 체리

| 올리브

3 칵테일 제조 용어

칵테일의 제조 용어는 다음과 같다.

▼ 칵테일 제조 용어

칵테일 제조 용어	설 명
플로팅(Floating)	• 비중이 다른 두 가지 이상의 음료를 무거운 것부터 차례로 천천히 부어 섞이지 않도록 층을 만들어 띄우는 방식
스터(Stir)	• 글라스에 재료를 넣어 가볍게 젓는 방법 • 얼음이 있는 경우 너무 오래 저어 얼음이 녹아 술이 희석되지 않도록 주의
셰이킹(Shaking)	• 셰이커에 칵테일 재료를 넣어 흔들어서 혼합하는 방식
블렌딩(Blending)	• 칵테일 재료에 과일이나 달걀이 포함된 경우, 블렌더에 재료를 넣어서 갈아서 제조하는 방식
스트레인(Strain)	• 걸러낸다는 의미 • 칵테일에서는 쉐이커에 베이스, 믹서, 시즈닝 등을 넣어 섞고 얼음을 넣어서 차갑게 한 후, 얼음을 걸러내는 방식
버진 칵테일 (Virgin Cocktail)	• 비알코올 칵테일(Non-Alcoholic Cocktail)이며, 목테일(Mocktail)이라고도 함 • 알코올 없이 칵테일 스타일로 만드는 것

| 플로팅(Floating)

| 스터(Stir)

| 셰이킹(Shaking)

| 블렌딩(Blending)

| 스트레인(Strain)

| 버진 칵테일(Virgin Cocktail)

4 칵테일 제조 도구

칵테일의 제조 도구는 다음과 같다.

▷ 칵테일 제조 도구

칵테일 제조 도구	설 명
메저컵(Measure Cup)	• 베이스, 믹서 등의 양을 정확하게 측정하기 위한 계량 컵
푸어러 립(Pourer Lip)	• 베이스가 튀지 않게 병 입구에 끼는 도구
바스푼(Bar Spoon)	• 손잡이가 길며 칵테일 재료를 휘저을 때 사용 • 한쪽은 포크로 되어 있어 레몬 등을 찍을 때 이용
스퀴저(Squeezer)	• 과일의 즙을 짜는 도구
셰이커(Shaker)	• 베이스에 시럽 등을 섞고 얼음이 녹지 않게 급히 냉각시키며 혼합하는 기구
믹싱 글라스(Mixing Glass)	• 베이스, 믹서 등을 섞을 때 사용하는 것 • 셰이커를 사용하는 것과는 다른 맛의 칵테일을 만들고자 할 때 사용
스트레이너(Strainer)	• 칵테일을 따를 때 얼음이 나오지 않게 해주는 여과기
블렌더(Blender)	• 칵테일을 블렌딩할 때 사용하는 기구
칵테일 픽(Cocktail Pick)	• 칵테일의 가니시를 장식할 때 사용하는 도구
아이스 버킷 & 아이스 통 (Ice Bucket & Ice Tongs)	• 얼음을 넣는 용기와 집게

| 메저컵
(Measure Cup)

| 푸어러 립
(Pourer Lip)

| 바스푼
(Bar Spoon)

| 스퀴저
(Squeezer)

| 셰이커
(Shaker)

| 믹싱 글라스
(Mixing Glass)

| 스트레이너
(Strainer)

| 블렌더
(Blender)

| 칵테일 픽
(Cocktail Pick)

| 아이스 버킷 & 아이스 통
(Ice Bucket & Ice Tongs)

REVIEW

칵테일의 특성

칵테일의 기본 요소

칵테일 제조 기본 용어

• 플로팅

• 스터

• 셰이킹

• 블렌딩

• 스트레인

• 버진 칵테일

1 칵테일 제조 시 유의 사항

- 칵테일은 4~6℃ 정도로 차게 만든다.
- 믹서가 발포성일 경우는 많이 젓지 않는다.
- 설탕이 들어가는 칵테일은 충분히 저어서 녹인 후 얼음을 넣는다.
- 얼음은 깨끗하고 단단한 것으로 준비한다.
- 얼음이 있는 칵테일은 머들러를 꽂아서 제공한다.
- 가니시는 마르지 않도록 준비한다.

2 칵테일 제조법

칵테일 제조에 사용하는 용어는 다음과 같다.

✈ 칵테일 제조에 사용되는 용어

용 어	약 어	용량	용 도
리큐어 글라스(Liqueur Glass)	L/G	2oz	리큐어, 스트레이트(Straight)를 담는 글라스
텀블러 글라스(Tumbler Glass)	T/G	9oz	얼음 넣은 칵테일을 담는 글라스
와인 글라스(Wine Glass)	W/G	4oz	와인, 얼음 없는 칵테일을 담는 글라스
샴페인 글라스(Champagne Glass)	C/G	4oz	샴페인, 샴페인으로 만든 칵테일을 담는 글라스
브랜디 글라스(Brandy Glass)	B/D	9oz	브랜디로 만든 칵테일을 담는 글라스
주스(Juice)	J	–	칵테일 믹서로 사용하는 주스
슬라이스(Slice)	S	–	과일을 얇게 썰어 칵테일 가니시로 사용
웨지(Wedge)	W	–	과일을 상하로 길게 6등분 또는 8등분으로 V자 모양으로 썰어 칵테일 가니시로 사용
온스(Ounce)	oz	약 30ml	질량을 표현하는 단위로 1oz는 28.35g
테이블 스푼(Table Spoon)	T/S	15ml	칵테일 시즈닝을 계량할 때 사용
티 스푼(Tea Spoon)	T/S	5ml	칵테일 시즈닝을 계량할 때 사용

| 글라스

| 슬라이스

| 웨지

| 테이블 스푼, 티 스푼

• 105

(1) 위스키로 만든 칵테일

다음은 칵테일 제조법이다. 표에 표기되어 있는 글라스와 얼음은 칵테일이 완성된 형태이다.

✈ 위스키로 만든 칵테일 제조법

칵테일명	글라스	얼음	베이스	믹서	시즈닝	가니시	제조법
스카치 소다 (Scotch Soda)	T/G	○	Scotch Whisky 1~1.5oz	Soda Water	–	–	• 글라스에 얼음을 채움 • 베이스를 넣음 • 믹서를 글라스의 2/3까지 넣은 후 스터(Stir)
위스키 사워 (Whisky Sour)	W/G	×	Blended Whisky 1.5oz	Lemon/J 0.3oz	설탕 1t/s	Lemon/S & Cherry	• 베이스에 믹서와 설탕을 넣 고 섞어줌 • 얼음을 넣음 • 글라스에 스트레인(Strain)
버번콕 (Bourbon Coke)	T/G	○	Bourbon Whisky 1~1.5oz	Coke	–	–	• 글라스에 얼음을 채움 • 베이스를 넣음 • 믹서를 글라스의 2/3까지 넣은 후 스터(Stir)
맨하탄 (Manhattan)	W/G	×	Bourbon Whisky 1.5oz	Sweet Vermouth 0.7oz	–	Cherry	• 베이스, 믹서, 얼음을 넣음 • 글라스에 스트레인(Strain)

존 콜린스
(John Collins)
	T/G	○	Bourbon
			Whisky
			1.5oz
				Lemon/J
				0.3oz,
				Soda
				Water
					설탕
					1t/s
						Lemon/S
						&
						Cherry
							• 베이스, 레몬주스, 설탕을
							  넣어 섞어줌
							• 얼음을 채운 글라스에 붓고
							  소다 워터를 글라스의 2/3
							  까지 넣은 후 스터(Stir)

| 스카치 소다
(Scotch Soda) | 위스키 사워
(Whisky Sour) | 버번콕
(Bourbon Coke) | 맨하탄
(Manhattan) | 존 콜린스
(John Collins) |

(2) 진으로 만든 칵테일

📨 진으로 만든 칵테일 제조법

칵테일명	글라스	얼음	베이스	믹서	시즈닝	가니시	제조법
진토닉 (Gin Tonic)	T/G	○	Gin 1~1.5oz	Tonic Water	–	Lemon/ S	• 글라스에 얼음을 채움 • 베이스를 넣음 • 믹서를 글라스의 2/3까지 넣은 후 스터(Stir)
진 피즈 (Gin Fizz)	T/G	○	Gin 1oz	Lemon/J 0.3oz, Soda Water	설탕 1t/s	Lemon/ S	• 베이스, 레몬주스, 설탕을 넣어 섞어줌 • 얼음을 채운 글라스에 붓고 Soda Water를 글라스의 2/3까지 넣은 후 스터(Stir)
톰 콜린스 (Tom Collins)	T/G	○	Gin 1.5oz	Lemon/J 0.3oz, Soda Water	설탕 1t/s	Lemon/ S & Cherry	• 베이스, 레몬주스, 설탕을 넣어 섞어줌 • 얼음을 채운 글라스에 붓고 Soda Water를 글라스의 2/3까지 넣은 후 스터(Stir)
마티니 (Martini)	W/G	×	Gin 1.5oz	Dry Vermouth 0.7oz	–	Olive	• 베이스, 믹서, 얼음을 넣음 • 글라스에 스트레인(Strain)
오렌지 블로섬 (Orange Blossom)	W/G	×	Gin 1.5oz	Orange/J 1.5oz	설탕 1t/s	–	• 베이스에 믹서와 설탕을 넣 고 섞어줌 • 얼음을 넣음 • 글라스에 스트레인(Strain)

| 진토닉
(Gin Tonic)

| 진 피즈
(Gin Fizz)

| 톰 콜린스
(Tom Collins)

| 마티니
(Martini)

| 오렌지 블로섬
(Orange Blossom)

(3) 보드카(Vodka)로 만든 칵테일

✈ 보드카로 만든 칵테일 제조법

칵테일명	글라스	얼음	베이스	믹서	시즈닝	가니시	제조법
스크루 드라이버 (Screw-driver)	T/G	○	Vodka 1oz	Orange/J		Orange/S	• 글라스에 얼음을 채움 • 베이스를 넣음 • 믹서를 글라스의 2/3까지 넣은 후 스터(Stir)
블러디 메리 (Bloody Mary)	T/G	○	Vodka 1oz	Tomato/J	Tabasco Sauce, Worcestershire Sauce, 소금, 후추	Lemon/S (&Celery)	• 글라스에 얼음을 채움 • 베이스를 넣음 • 믹서를 글라스의 2/3지 채움 • 시즈닝을 첨가하여 스터(Stir)

| 스크루 드라이버
(Screwdriver)

| 블러디 메리
(Bloody Mary)

(4) 캄파리로 만든 칵테일

 캄파리(Campari)로 만든 칵테일 제조법

칵테일명	글라스	얼음	베이스	믹서	시즈닝	가니시	제조법
캄파리 소다 (Campari Soda	T/G	○	Campari 1.5oz	Soda Water	–	Orange/S	• 글라스에 얼음을 넣고 베이스를 넣음 • 믹서를 글라스의 2/3까지 채운 후 스터(Stir)

| 캄파리 소다
(Campari Soda)

(5) 와인으로 만든 칵테일

✈ 와인으로 만든 칵테일 제조법

칵테일명	글라스	얼음	베이스	믹서	시즈닝	가니시	제조법
키르 (Kir)	W/G	×	White Wine 4oz	Crème de Casis 0.5oz	–	–	• 글라스에 믹서를 넣고 베이스를 천 천히 따름

| 키르(Kir)

(6) 샴페인으로 만든 칵테일

✈ 샴페인으로 만든 칵테일 제조법

칵테일명	글라스	얼음	베이스	믹서	시즈닝	가니시	제조법
키르 로얄 (Kir Royal)	C/G	×	Champagne 4oz	Crème de Casis 0.5oz	–	–	• 글라스에 믹서를 넣고 베이스를 천천히 따름
어라이즈 마이 러브 (Arise My Love)	C/G	×	Champagne 4oz	Crème de Menthe 0.5oz	–	Cherry	• 글라스에 믹서를 넣고 베이스를 천천히 따름
벅스 피즈 (Buck's Fizz)	C/G	×	Champagne 2.5oz	Orange/J 2.5oz	–	Orange/S	• 글라스에 믹서를 먼저 넣고 베이스를 넣음

| 키르 로얄
(Kir Royal)

| 어라이즈 마이 러브
(Arise My Love)

| 벅스 피즈
(Buck's Fizz)

(7) 리큐어로 만든 칵테일

리큐어(Liqueur)로 만든 칵테일 제조법

칵테일명	글라스	얼음	베이스	믹서	시즈닝	가니시	제조법

비앤비
(B & B)
	B/G	×	Bénédictine
			0.5oz,
			Brandy
			0.5oz
					–	–	• 글라스에 베네딕틴을
							  먼저 따름
							• 그 위에 브랜디를 천천
							  히 따름(Float)

| 비앤비(B & B)

칵테일을 만들어봅시다.

모히토(Mojito)

- 준비물
- 골드 럼 1.5oz
- 소다 워터 3oz
- 라임 1/2개를 4등분하여 4개의 웨지로 준비
- 민트 잎 10장
- 설탕 1t/s

| 모히토(Mojito)

- 만드는 방법
① 믹싱 글라스에 민트 잎과 라임 웨지 1개를 넣어 짓이긴다. 민트오일과 라임주스가 나온다.
② 라임 웨지 2개와 설탕을 넣어 다시 짓이긴다.
③ 믹싱 글라스의 내용물을 텀블러 글라스에 담고 얼음을 가득 채운다.
④ 얼음 위로 골드 럼을 넣고 젓는다.
⑤ 소다 워터를 글라스에 넣는다.
⑥ 라임웨지 1개를 글라스에 장식한다.

피나 콜라다(Pina Colada)

- 준비물
- 화이트 럼 1.5oz
- 파인애플주스 1.5oz
- 파인애플 조각 6~7개(2~3cm 크기)
- 코코넛 크림 1T/S
- 설탕 1t/s
- 파인애플 슬라이스 1개

| 피나 콜라다(Pina Colada)

- 만드는 방법
① 블렌더에 화이트 럼, 파이애플 주스, 파인애플 조각, 설탕과 얼음 1컵을 넣고 블렌딩한다.
② 차갑게 칠링한 텀블러 글라스에 담는다.
③ 파인애플 슬라이스를 텀블러 글라스에 장식한다.

7 서양식의 이해

서양식은 프랑스, 영국, 독일, 이탈리아 등의 유럽과 미국, 캐나다 등의 북미권의 음식을 통틀어 말한다.

서양식은 끼니마다 제공되는 코스와 메뉴의 구성이 다르며 아침식사(Breakfast), 점심식사(Lunch), 저녁식사(Dinner), 정찬(Formal Dinner) 등이 있다.

1 서양식 저녁식사(Dinner)의 이해

(1) 서양식 저녁식사의 특성

- 서양식은 코스별로 요리가 구성되어 있으며, 순서대로 제공된다. 각 코스는 맛과 풍미에 있어서 나름의 질서를 추구하고 있다.
- 식사의 양은 라이트(Light) - 헤비(Heavy) - 라이트(Light)로 구성되어 있다.
- 식사는 식욕을 촉진할 수 있는 단맛이 적은 드라이(Dry)한 맛으로 시작하여 소화를 도와주는 스위트(Sweet)한 맛으로 마무리한다.

▽ 서양식 정찬 코스(Formal Dinner Course)

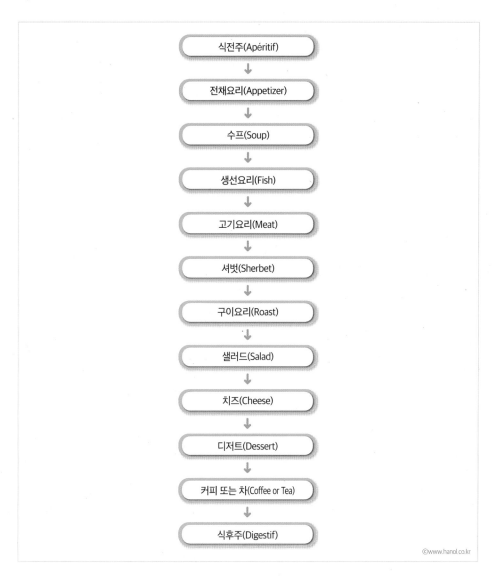

©www.hanol.co.kr

(2) 서양식 저녁식사의 코스

1) 전채요리(Appetizer / Hors d'oeuvre)

❶ 특성

- 저녁식사 코스 중 가장 먼저 제공된다.

- 양이 많지 않고 먹기 쉬운 크기로 만들며, 양보다는 질을 중요시한다.
- 색채와 장식이 아름답고 화려하다.
- 신맛, 짠맛이 가미되어 타액을 분비시켜 식욕을 촉진한다.
- 주요리(Main Dish)의 재료나 조리법과 중복되지 않도록 균형을 고려해야 한다.

❷ 종류

✳ 캐비아(Caviar)

- 철갑상어(Sturgeon) 알이다.
- 단백질이 30% 이상 함유되어 있으며, 비타민 A, B, C, D를 비롯하여 인, 칼륨, 철분 등 영양소가 매우 풍부하다.
- 소화가 잘되고 콜레스테롤을 전혀 만들어내지 않는 100% 완전 흡수 식품이다.
- 주로 다진 달걀 흰자와 노른자, 다진 양파, 레몬, 사워크림(Sour Cream)과 곁들여 먹거나 블리니(Blini)나 멜바 토스트(Melba Toast)에 버터를 발라 곁들여 먹기도 한다.

✳ 푸아그라(Foie Gras)

- '살찐 간', '기름진 간'이란 뜻으로 거위나 오리의 간을 익혔다가 냉육하여 요리한다.
- 송로 버섯(Truffle)과 잘 어울린다.
- 양질의 단백질, 지질, 비타민 A, E, 철, 구리, 인, 칼슘 등은 빈혈이나 스테미나 증강에 좋은 성분이다.
- 기름지면서 부드럽고 농후한 깊은 맛을 지니고 있다.

✳ 훈제 연어(Smoked Salmon)

- 주로 다진 양파, 레몬, 케이퍼(Caper) 등과 함께 먹는다.

✳ 생햄(Raw Ham)

- 돼지나 멧돼지의 뒷다리 혹은 넓적다리를 염장하고 건조, 숙성하여 만든 것이다.
- 이탈리아의 프로슈토(Prosciutto), 스페인의 하몽(Jamón)이 유명하다.
- 멜론과 함께 먹는다.

❋ 카나페(Canape)

- 얇고 잘게 썬 빵이나 크래커 위에 채소, 고기, 생선, 치즈, 달걀 등을 얹어 만든 요리이다.

| 캐비아 (Caviar) | 푸아그라 (Foie Gras) | 훈제 연어 (Smoked Salmon) | 생햄 (Raw Ham) | 카나페 (Canape)

2) 수프(Soup)

❶ 특성

❋ 서양식 중 유일한 국물이 있는 요리이다.

❋ 육류, 조류, 어패류, 채소를 끓인 국물(Stock)에 건더기를 넣고 끓여 양념한 요리이다.

- 위벽을 보호하며 알코올에 대한 저항력을 강화한다.
- 주요리 전에 제공되어 식욕을 돋우고, 이어지는 음식의 소화를 돕는다.

❷ 종류

❋ 맑은 수프(Clear Soup / Consommé)

- 맑고 투명한 색을 내는 것이 특징이다.
- 주재료나 곁들이는 가니시(Garnish)에 따라 이름이 정해진다.

| 콩소메(Consommé)

❋ 진한 수프(Thick Soup / Potage)

- 농도 짙은, 걸쭉하고 불투명한 수프이다.
- 녹말이 많은 채소를 삶아 걸쭉하게 만들기도 하고, 채소로 만든 스톡(Stock)에 달걀 노른자, 생크림, 밀가루, 버터 등을 넣어 걸쭉하게 만든다.

| 포타주(Potage)

3) 빵(Bread)

❶ 특성

- 저녁식사에서 빵은 주로 수프 코스에 이어서 제공된다.
- 혀에 남아 있는 요리의 맛을 깨끗하게 하여 미각에 신선미를 준다.
- 배를 채우는 역할이 아니므로 코스 사이에 조금씩 먹는다.
- 치즈 코스까지 리필된다.

❷ 종류

- 하드롤, 소프트롤, 호밀빵, 프렌치 바게트 등이 있다.

| 하드롤(Hard Roll)

| 소프트롤(Soft Roll)

| 호밀빵(Rye Bread)

| 프렌치 바게트(French Baguette)

4) 주요리(Main Dish / Entrée)

❶ 특성

- 저녁식사에서 가장 중심이 되는 코스로 앙트레(Entrée)라고도 한다.
- 고전적 정찬 코스(Formal Dinner Course)에서는 생선 요리, 고기 요리, 셔벗, 구이 요리가 순서대로 제공된다.
- 현대에서는 코스가 많이 간소화되어 주요리로 생선요리나 고기요리 중 한 가지를 선택한다. 구이요리가 제공되는 경우는 드물다.

❷ 주요리(Main Dish / Entrée)의 구성

- 앙트레, 녹말류, 채소류로 구성되어 있다.

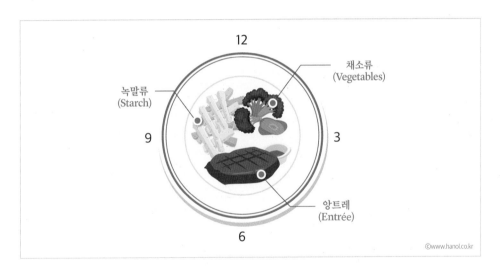

❋ 앙트레(Entrée)

- 육류, 해산물, 가금류 등의 재료로 요리한다.
- 소스와 함께 곁들여진다.

❋ 녹말류(Starch)

- 녹말을 함유한 재료이다.
- 밥, 국수, 감자, 고구마 등이다.

※ 채소류(Vegetables)

- 더운 채소를 의미한다.
- 당근, 브로콜리, 아스파라거스 등이 있다.

| 소고기 스테이크(Beef Steak)

| 농어 스테이크(Seabass Steak)

| 칠면조 구이(Roasted Turkey)

5) 샐러드(Salad)

❶ 특성

- 생채소에 소금을 뿌려 먹은 데에서 유래되었다. 생채소에 끼얹는 소스는 식물성 기름과 식초를 주재료로 만들며, 샐러드의 풍미를 살려준다. 채소 위에 옷을 입었다고 하여 드레싱(Dressing)이라고 한다.
- 유럽에서는 샐러드가 주요리 다음에 제공되나 그 밖의 나라에서는 주요리 전에 제공된다. 이는 미국에서 국민의 비만 방지를 위해 정찬 코스의 순서를 조정했기 때문이다.
- 알칼리성 식품으로 육식을 중화시키며, 가볍고 신선한 미각은 주요리의 소화를 돕는다.
- 비타민과 미네랄이 함유되어 건강과 미용에 도움이 된다.

❷ 드레싱의 종류

프렌치 드레싱, 이탈리안 드레싱, 발사믹 드레싱, 사우전드 아일랜드 드레싱 등이 있다.

| 프렌치 드레싱
(French Dressing)

| 이탈리안 드레싱
(Italian Dressing)

| 발사믹 드레싱
(Balsamic Dressing)

| 사우전드 아일랜드 드레싱
(Thousand Island Dressing)

6) 치즈(Cheese)

디저트(Dessert)는 식사가 끝난 후, 소화를 돕고 입안을 감미롭게 한다. 일반적으로 서양 요리에서 치즈, 과일, 스위트 디시를 디저트라고 통틀어 말한다.

❶ 특성

- 주로 소, 양, 산양의 젖에 있는 단백질을 발효를 통해 응축한 후, 숙성시켜서 만든 식품이다.
- 단백질, 지방, 칼슘 등을 다량 함유하고 있으며, 소화에 도움을 준다.
- 생산지, 제조 방법, 숙성 정도에 따라 다양한 종류가 있으며, 고유한 특색이 있다.
- 대부분의 치즈는 실온으로 먹어야 그 맛과 향을 제대로 즐길 수 있다. 따라서 냉장 보관한 경우, 먹기 1시간 정도 전에 미리 꺼내 놓는다.
- 치즈는 제조 과정에서 오랜 기간 숙성을 거치기 때문에 공기와 최대한 접촉하도록 표면을 넓게 자른다. 이렇게 함으로써 치즈의 맛과 향이 살아난다.
- 와인과 잘 어울리므로 치즈의 종류에 맞게 와인을 선택하여 마신다.

② 종류

✳ 프랑스: 카망베르(Camembert), 브리(Brie)

| 카망베르(Camembert)

| 브리(Brie)

✳ 스위스: 에멘탈(Emmenthal), 그뤼에르(Gruyere)

| 에멘탈(Emmenthal)

| 그뤼에르(Gruyere)

✳ 이탈리아: 고르곤졸라(Gorgonzola), 파르메산(Parmesan)

| 고르곤졸라(Gorgonzola)

| 파르메산(Parmesan)

✹ 네덜란드: 에담(Edam), 고다(Gouda)

| 에담(Edam)

| 고다(Gouda)

✹ 영국: 체다(Cheddar)

| 체다(Cheddar)

7) 과일(Fruit)

❶ 특성

- 과육·과즙이 풍부하고 단맛이 많으며 향기가 좋다.
- 거의 모든 과일은 30~95%가 수분이며, 건강에 도움이 되는 비타민, 미네랄 등의 성분을 다량 함유하고 있다.
- 계절 감각이 드러나는 풍성함과 신선함을 제공한다.

❷ 종류

다양한 과일의 명칭은 다음과 같다.

◥ 과일의 명칭

과일명	영어	과일명	영어
사과	Apple	딸기	Strawberry
배	Pear	포도	Grape
감	Persimmon	자몽	Grapefruit
귤	Tangerine	수박	Watermelon
복숭아	Peach	멜론	Honeydew
자두	Plum		Muskmelon
살구	Apricot		Cantaloupe

| 허니듀(Honeydew)

| 머스크멜론(Muskmelon)

| 칸탈루프(Cantaloupe)

8) 스위트 디시(Sweet Dish)

❶ 특성

- 일반적으로 스위트 디시가 디저트로 불린다.
- 앞서 제공된 요리와 조화를 이루어야 하며, 색깔과 장식이 섬세하며 화려하다.
- 달콤한 맛이 주를 이루고, 식사 후 소화에 도움이 된다.

❷ 종류

- 수플레, 푸딩, 파이, 프티푸르(Petit Four), 무스, 젤리, 아이스크림 등이 있다.

| 수플레(Soufflé)

| 푸딩(Pudding)

| 파이(Pie)

| 프티푸르(Petit Four)

| 무스(Mousse)

| 아이스크림(Ice Cream)

| 젤리(Jelly)

❷ 서양식 아침식사(Breakfast)의 이해

(1) 서양식 아침식사의 구성 및 특성

서양식 아침식사는 점심·저녁 식사와는 코스나 구성에서 다소 차이가 있다. 또한, 각 나라의 식문화에 따라 내용적인 면에서도 차이가 있다.

❶ 커피 또는 차

식사를 시작할 때부터 마시며, 식사가 끝날 때까지 리필된다.

❷ 과일 주스

주로 사과, 살구, 오렌지, 자몽, 토마토 등의 과일을 신선하게 주스로 마신다.

❸ 과일

- 아침 식사 시에는 전채 요리로 먹는다.
- 생과일이나 통조림으로 가공된 과일을 먹는다.

❹ 아침 빵

- 식사의 개념으로 먹으며 따뜻하게 먹는다.

- 버터와 함께 잼, 마멀레이드, 꿀 등을 빵에 발라먹는다.

- 크루아상, 브리오슈, 데니시 페이스트리, 머핀, 커피 케이크, 토스트 등이 있다.

| 크루아상(Croissant)

| 브리오슈(Brioche)

| 데니쉬 페이스트리(Danish Pastry)

| 머핀(Muffin)

| 커피 케이크(Coffee Cake)

| 토스트(Toast)

❺ 시리얼 & 요거트

❋ 시리얼(Cereal)

- 포리지(Porridge)

  곡물에 뜨거운 물이나 우유를 부어 불려서 먹는다.

- 드라이 시리얼(Dry Cereal)

  곡물을 튀기거나 가공한 것으로 우유, 설탕과 함께 먹는다.

❋ 요거트(Yoghurt)

우유에 유산균을 넣어 걸쭉하게 응고시킨 유동식이다. 과일, 향료, 당분이 첨가되기도 한다.

⑥ 주요리의 구성

아침 식사에서 주요리는 달걀이 사용되며, 그릴 요리, 녹말류, 채소류가 곁들여진다.

녹말류
(Starch)

채소류
(Vegetables)

그릴 요리
(Mixed Grill)

달걀 요리
(Egg Dish)

ⓒwww.hanol.co.kr

- 달걀 요리: 달걀 프라이, 삶은 달걀, 스크램블드 에그, 오믈렛, 수란 등이 있다.

| 써니 사이드 업
(Sunny Side up)

| 오버 이지
(Over Easy)

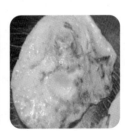

| 오버 하드
(Over Hard)

| 삶은 달걀
(Boiled Egg)

| 스크램블드 에그
(Scrambled Egg)

| 오믈렛
(Omelette)

| 수란
(Poached Egg)

• 그릴 요리: 햄, 베이컨, 소시지, 소형 스테이크 등이 있다.

| 베이컨(Bacon)

| 소시지(Sausage)

| 소형 스테이크
(Minute Steak)

• 녹말류: 해시 브라운 포테이토, 구운 고구마 등이 있다.

| 해시 브라운 포테이토
(Hash Brown Potato)

| 구운 고구마
(Sweet Potato)

• 채소류: 토마토, 버섯 등이 있다.

| 토마토(Tomato)

| 버섯(Mushroom)

(2) 서양식 아침식사의 종류

❶ 유럽식 아침식사

- 영국을 제외한 유럽의 아침식사이다.
- 아침빵, 커피 또는 차, 주스류로 구성되어 있다.
- 필요시 달걀 요리, 그릴 요리, 감자 요리 등을 추가한다.

- 커피 또는 차 / 주스류
- 아침 빵

| 유럽식 아침식사(Continental Breakfast)

❷ 영국식 아침식사(English Breakfast)

- 영국의 아침식사로 주요리에 생선요리와 블랙푸딩*이 포함되는 것이 특징이다.
- 커피 또는 차, 주스류, 계절 과일, 아침 빵, 시리얼, 주요리로 구성된다.

*영국의 대표 요리로 돼지 피와 오트밀 또는 보리를 넣어 만든 검은색의 소시지

- 커피 또는 차 / 주스류
- 계절과일
- 아침 빵
- 시리얼
- 달걀 요리, 생선 요리(허가자미, 청어), 그릴 요리, 녹말류, 채소류

| 영국식 아침식사(English Breakfast)

❸ 미국식 아침식사(American Breakfast)

- 미국에서 비롯된 아침식사로 유럽식 아침식사에 비해 가짓수가 많다.
- 커피 또는 차, 주스류를 비롯하여 계절 과일, 아침 빵, 케익류(와플, 팬케익), 시리얼 및 요거트, 주요리 등으로 구성되어 있다.

- 커피 또는 차 / 주스류
- 계절 과일
- 아침 빵
- 케익류(Pan Cake, Waffle 등)
- 시리얼 & 요거트
- 달걀 요리, 그릴 요리, 녹말류, 채소류

| 미국식 아침식사(American Breakfast)

REVIEW

서양식의 특성	
서양식 정찬 코스	
전채요리 (Hors d'oeuvre / Appetizer)	• 특성
	• 캐비아
	• 푸아그라
	• 훈제 연어
	• 생햄
	• 카나페
수프(Soup)	• 특징
	• 종류
빵(Bread)	• 저녁식사의 역할
	• 저녁식사의 빵 종류
주요리 (Main Dish)	• 앙트레
	• 녹말류
	• 채소류
샐러드(Salad)	• 특징
	• 드레싱의 의미와 종류
디저트 (Dessert)	• 치즈의 특성
	• 치즈의 종류
	• 과일
	• 스위트 디시

아침식사 메뉴 구성 및 특성	• 커피 또는 차	
	• 과일 주스	
	• 과일	
	• 아침 빵	
	• 시리얼 & 요거트	
	주요리	• 특성
		• 달걀 요리
		• 그릴 요리
		• 녹말류
		• 채소류
아침식사의 종류	유럽식 아침식사	
	영국식 아침식사	
	미국식 아침식사	

8 기내식의 이해

　기내식(In-Flight Meal)은 비행 중 승객에게 제공되는 식사를 말하며, 단거리 노선의 스낵 박스부터 중장거리 노선의 코스별 식사까지 무료 또는 유료로 다양하게 제공된다.

　운항 노선의 특성에 맞게 양식, 일식, 중식 및 기타 현지 메뉴를 개발해 식사 메뉴의 비율을 조정하여 탑재한다. 다국적 승객의 기호 및 계절적 여건 등을 고려하여 통상 3개월 주기로 메뉴를 보완, 변경한다.

　전 세계적으로 한식의 선호도가 높아지면서 비빔밥은 물론 비빔국수, 곤드레밥, 불갈비, 갈비찜, 닭불고기, 찜닭, 낙지 덮밥, 영양쌈밥 등 다양한 한식 메뉴를 선보이고 있으며, 우리나라에 취항하는 외국 항공사도 국내 고객의 탑승률을 감안하여 고추장, 김치 등의 한국 전통 음식을 제공하고 있다.

　최근 항공사에서 제공하는 기내식은 항공사 서비스의 만족도를 좌우하는 기준이 되고 있어 회사마다 특색 있고 차별화된 식사를 제공하기 위한 노력에 관심이 집중되고 있다.

① 기내식의 준비 과정

(1) 기내식의 제조 및 탑재

- 기내식은 항공사별로 계약된 기내식 제조 회사(Catering Center)에서 생산한다.

- 승객의 기호에 부합하는 식음료를 구입, 관리하여 생산된 기내식은 항공사 고유의 이미지를 살린 전용 기물에 담는다.
- 뜨겁게 만들어진 앙트레는 급속 냉동하며, 밀 트레이에 세팅되는 찬 음식 종류는 신선하게 냉장하여 특수 냉장 차량을 이용해 항공기로 운반된다.

(2) 기내식의 관리

- 기내식을 보관하는 갤리는 항상 청결한 위생 상태를 유지한다.
- 비행 중 신선도가 필요한 모든 기내식은 에어 칠러 컴파트먼트(Air Chiller Compartment)에 보관하거나 드라이아이스를 이용해 신선도를 유지한다.
- 신선도를 유지하기 위해 밀 카트 내에 탑재된 드라이아이스는 음식이 얼지 않도록 지상에서 확인하여 미리 제거한다.
- 두 번째 서비스를 위한 기내식은 비행 중 장시간 동안 신선하게 유지해야 하므로 반드시 에어 칠러 컴파트먼트에 넣어 보관한다.

② 기내식의 특성

(1) 기내식의 유형

- 기내식은 승객의 생체 리듬을 고려하고 출발, 도착 시간 및 비행 시간에 따라 식사 유형이 정해지며, 장거리 노선에서는 정규 식사 서비스 외 영화 상영, 승객 휴식 등의 시점에 간식으로 스낵을 서비스한다.
- 서비스 시간대에 따른 식사 유형은 다음과 같다.

▷ 서비스 시간대에 따른 식사 유형

서비스 시간대	Meal Type	Meal Code
04:00~09:00	Breakfast	BRF / BT
09:00~11:00	Brunch	BRCH / BH
11:00~14:00	Lunch	LCH / LH
14:00~17:00	Light Meal	SNX
17:00~22:00	Dinner	DNR / DR
22:00~24:00	Supper	SPR / SR
24:00~04:00	Refreshment	SNX

(2) 기내식의 구성

- 기내식의 메뉴는 객실의 클래스별로 제공하는 절차와 방법이 상이하나 일반적으로 서양식 디너 코스를 기반으로 하며 다양한 한식 메뉴도 개발하여 서비스하고 있다.
- 이코노미 클래스의 기내식은 서양식 디너 코스를 하나의 트레이에 담은 한상차림 (Pre-Set Tray) 방식으로 제공한다. 양식 앙트레는 승객의 다양한 기호를 고려하여 2~3가지의 메뉴 중에서 선택할 수 있다.

| 양식

| 한식(비빔밥)

③ 기내식의 종류

기내식은 일반 기내식과 특별 기내식으로 구분된다.

(1) 기내식(In-Flight Meal)

- 승객의 기호 및 계절적 여건 등을 고려하여 식사 시점에 맞는 다양한 메뉴를 개발하여 기내에서 제공하는 정규 기내식이다.
- 서양 식음료를 바탕으로 구성되어 있으므로 서양 식음료에 대한 기본 지식을 숙지하여 자신 있고 세련되게 서비스하도록 한다.
- 기내식은 양식, 중식, 일식 및 다양한 한식이 코스별로 구성된 한상차림으로 제공된다.
- 아침식사와 브런치(Brunch)는 서양식 계란 요리, 죽, 각종 빵류 및 음료 위주의 메뉴로 제공된다.

| 양식(소고기)

| 양식(해산물)

| 일식(장어덮밥)

| 스크램블 에그 | 죽 | 단거리 기내식

(2) 특별 기내식(Special Meal)

❶ 특별 기내식의 정의

특별 기내식은 각종 질병 및 특정 식품에 대한 알레르기 등의 건강상의 이유 또는 종교, 연령 등의 이유로 일반 기내식을 취식하지 못하는 승객들의 요청에 따라 탑재되는 기내식이다.

❷ 특별 기내식의 주문 방법

항공기 출발 24시간 전까지 항공사에 신청할 경우 탑재되며, 특별 기내식의 종류 및 항공편의 비행시간, 운항 형태에 따라 추가적인 준비 기간이 필요할 수 있다.

❸ 특별 기내식의 관리 및 서비스 방법

- 갤리 담당(Galley Duty) 승무원은 승객 탑승 전 비행 준비 시 SHR* 또는 SSR에 기록된 특별 기내식의 주문 내역을 보면서 케이터링(Catering) 직원과 인수인계 작업을 실시한다.

- 해당 편 특별 기내식의 탑재 여부를 정확히 확인한 후 탑재 내역을 객실사무장에게 보고한다.

- SSR 또는 SHR에 기재된 특별 기내식이 탑재되지 않았을 경우, 지상직원에게 요청하여 탑재한 후 출발해야 한다.

- 특별 기내식을 주문한 승객이 탑승하면 지상에서 성명과 주문 내역을 확인한 후 특별 기내식 인식표에 좌석번호와 주문한 메뉴를 기재하여 해당 승객 좌석의 헤드레스트 커버(Headrest Cover)에 부착한다.

> *SHR(Special Handling Request) / SSR(Special Service Request): VIP, CIP, UM(비동반 소아), 환자, 단체, TWOV(무비자 환승 승객), 특별 기내식 주문 승객 등 특별 승객에 대한 정보가 기재된 서류

- 특별 기내식은 기내식 서비스를 시작하기 전 우선 제공하며, 식사를 제공하기 전에 다시 한번 승객의 성함과 주문한 메뉴를 확인한 후 서비스한다.

④ 특별 기내식의 종류

✳ 종교식

종 류	약 어	특 징
힌두교식 (Hindu Meal)	HNML	• No Beef. 쇠고기와 송아지 고기를 사용하지 않고 힌두교의 관례와 믿음에 따라 제조된 힌두교도를 위한 식사
이슬람교식 (Moslem Meal)	MOML	• No Pork. 이슬람교 율법에 따라 돼지고기와 알코올을 사용하지 않은 이슬람교도를 위한 식사
유대교식 (Kosher Meal)	KSML	• 유대교 율법에 따라 조리된 유대교 신봉자를 위한 유대교 종교 음식으로 닭고기와 생선이 주가 되며 맛초(Matzo)*를 제공함 • 항공사에서 완제품을 구매하여 제공하고 모든 식기는 1회용 기물을 이용해 종이 상자에 봉해져 있음 • 승객에게 반드시 허락을 얻은 후 개봉하여 데움

> ✱ 맛초(Matzo): 유대인들이 전통적으로 유월절에 먹는 비스킷 같은 빵으로 발효 과정 없이 물과 밀가루만으로 만들어짐

| 힌두교식(HNML)

| 이슬람교식(MOML)

| 유대교식(KSML)

출처: ANA 홈페이지(www.ana.co.jp)

❋ 야채식

종 류	약 어	특 징
서양 채식 (Vegetarian Lacto-Ovo Meal)	VLML	• 생선류, 가금류를 포함한 모든 육류와 동물성 지방, 젤라틴을 사용하지 않고 계란 및 유제품은 포함하는 서양식 채식
엄격한 서양 채식 (Vegetarian Vegan Meal)	VGML	• 생선류, 가금류를 포함한 모든 육류와 동물성 지방, 젤라틴뿐만 아니라 계란 및 유제품을 사용하지 않는 엄격한 서양식 채식
동양 채식 (Vegetarian Oriental Meal)	VOML	• 생선류, 가금류를 포함한 모든 육류와 계란, 유제품을 사용하지 않고 양파, 마늘, 생강 등의 뿌리 식품을 사용한 동양식 채식
생야채식 (Raw Vegetarian Meal)	RVML	• 카페인 함유 음료, 보존료/첨가물, 가공식품을 포함하지 않고 조리하지 않은 순수 생야채와 생과일이 포함된 채식

| 서양 채식(VLML)

| 엄격한 서양 채식(VGML)

| 동양 채식(VOML)

| 생야채식(RVML)

출처 : ANA 홈페이지(www.ana.co.jp)

✷ 식사 조절식

종 류	약 어	특 징
저지방식 (Low Fat Meal)	LFML	• 콜레스테롤 함량이 높은 고지방 육류, 농축된 육수, 계란 노른자, 갑각류 등을 사용하지 않고 저지방 육류, 저지방 생선 등으로 조리함 • 심장병, 동맥경화증, 비만증 등 성인병 환자를 위한 식사
당뇨식 (Diabetic Meal)	DBML	• 열량, 단백질, 지방, 당질의 섭취량을 조절하는 동시에 식사량의 배분, 포화 지방산의 섭취 제한 등을 고려한 식사
저열량식 (Low Calorie Meal)	LCML	• 체중 조절을 목적으로 열량을 제한한 식사
저자극식 (Bland Meal)	BLML	• 소화 기능이 저하되어 있는 승객을 위해 강한 향신료, 가스를 유발할 수 있는 야채 및 기름기 많은 음식을 제한하며 저지방 육류 및 흰살 생선 등을 재료로 만든 식사
저염식 (Low Salt Meal)	LSML	• 심장병, 고혈압 환자 승객을 위해 소금 및 염분 성분이 제한된 식사
유당 제한식 (Non-Lactose Meal)	NLML	• 우유에 함유된 유당 소화에 장애가 있는 승객에게 제공되며 유당을 함유하고 있는 우유, 크림, 분유 등 모든 형태의 유제품을 엄격히 제한한 식사
글루텐 제한식 (Gluten Intolerant Meal)	GFML	• 식사 재료 내의 글루텐 함유를 엄격히 제한한 식사

| 저지방식(LFML)

| 당뇨식(DBML)

| 저열량식(LCML)

| 저자극식(BLML)

| 유당 제한식(NLML)

| 글루텐 제한식(GFML)

출처 : ANA 홈페이지(www.ana.co.jp)

✳ 유아식 및 아동식

종 류	약 어	특 징
유아식(Baby Meal)	BBML	• 24개월 미만의 유아에게 제공되는 이유식과 아기용 주스
유아용 아동식 (Infant Child Meal)	ICML	• 아동식 식사가 가능한 24개월 미만의 영유아에게 제공되는 식사로 메뉴는 아동식과 동일함
아동식 (Child Meal)	CHML	• 만 2~12세 미만의 아동에게 제공되며 스파게티, 햄버거, 오므라이스, 돈가스, 피자, 핫도그 등의 메뉴를 선택할 수 있음

| 유아식(BBML)

| 아동식(CHML)

✳ 기타 특별 기내식

종 류	약 어	특 징
해산물식 (Seafood Meal)	SFML	• 생선 및 해산물을 주재료로 하며 곡류, 야채류 및 과일류가 함께 제공되는 식사
과일식 (Fruit Platter Meal)	FPML	• 신선한 과일 및 말린 과일로만 구성된 식사
알레르기 제한식 (Allergen-Free Meal)	–	• 특정 재료에 대한 알레르기 반응이 있는 승객에게 해당 식재료를 제외하여 제공하는 식사

| 해산물식(SFML)

| 과일식(FPML)

출처 : ANA 홈페이지(www.ana.co.jp)

(3) 스낵(In-Between Snack)

장거리 비행에서 기내식 서비스 사이에 서비스하는 간식이다. 음료와 함께 제공하며 주먹밥, 컵라면, 피자, 막걸리 쌀빵 등을 제공한다.

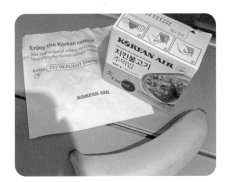

| 주먹밥 & 바나나

| 컵라면 & 새우깡

| 피자

| Tray Base 음료

Chapter **4**

기내서비스 업무의 이해

1 비행 전 준비 업무

비행 전 준비 업무는 객실승무원이 출근하면서부터 항공기에 탑승하기 전까지 수행하는 업무로 용모 복장 점검, Show-Up, 브리핑 참석 등의 업무를 말한다. 특히 국제선비행 시에는 고객 응대를 위한 준비로 각종 비행 정보를 비롯하여 해당 노선의 서비스순서, 기내식 메뉴, 도착지 정보를 완벽하게 숙지해야 한다.

1 출근

객실승무원은 매 비행 승객의 안전과 서비스 업무를 병행하므로 비행 전 충분한 휴식을 취한 후 근무에 임해야 한다. 출근 전 회사에서 규정한 메이크업과 헤어두(Hair-Do), 유니폼을 갖추고 비행에 필요한 필수 휴대품을 완비한다.

항공사는 항공기의 정시 운항을 위해 여러 부서가 협업하므로 객실승무원도 그 조직의 일원으로서 시간 관리를 철저히 해야 하며 당일 기후와 시간대별 교통 상황 등을 고려하여 충분한 시간적 여유를 가지고 출근하도록 한다.

객실승무원 비행 필수 휴대품

- 여권 & 비자
- 승무원 등록증
- 사원증
- 객실승무원 업무 교범

2 출근 후 비행 준비

(1) Show-Up

Show-Up은 회사 출근 후 가장 먼저 수행하는 업무로 비행 근무를 위한 준비를 갖추고 출근했음을 확인하는 절차이다.

항공사 및 항공기 출발 시간에 따라 Show-Up 시간은 상이하며 비치된 Show-Up List에 수기로 서명하거나 시스템(Crew Show-Up System)에 입력하는 방식으로 운영된다.

(2) 객실 브리핑 준비

모든 승무원은 객실 브리핑에 참석하기 전, 당일 탑승 노선에 대한 비행 정보 및 공지 사항을 반드시 숙지해야 한다. 최근 업무지시와 서비스 정보, 공지 사항, 도착지 정보 및 특이 사항, 비행 필수 휴대품 등의 비행 관련 정보는 사내 종합정보시스템을 통해 상시 확인이 가능하다.

자택에서 사전에 전반적인 정보를 확인하고 출근 후 새로 추가되거나 변경된 정보가 있는지 재확인한다.

(3) 객실 브리핑(Cabin Briefing)

객실 브리핑은 해당 비행편 승무원들이 첫 대면하여 객실사무장의 주관하에 비행 중 기내서비스 및 안전에 관한 내용을 공유하고 소통하는 시간이다. 국제선의 경우 통상 항공기 출발 2시간 전, 지정된 브리핑실에 모여 실시하며 항공사 및 항공기 출발 시간에 따라 상이하다.

객실 브리핑 내용

① 비행 준비 점검
- 당일 탑승 승무원 인원 파악, 소개 및 듀티(Duty) 확인
- 용모 복장 상호 점검
- 비행 필수휴대품 소지 여부 확인

② 비행 정보
- 운항기종 & HL Number*
- 해당편 출·도착 시간 및 시차
- 승객 예약 상황

③ 기내서비스
- Class별 기내식 및 기내서비스 순서
- 기내 상영 영화 및 IFE System* Review

④ 안전 정보
- 안전 관련 업무 지시 사항
- 항공기 비상장비 및 Door 작동법
- 비상 처리 절차

⑤ 도착지 정보
- 도착지 C.I.Q.
- 해당 노선 특이 사항

⑥ 기타
- 최근 지시 공지 사항
- 서비스 팁 공유

* HL Number: 비행기 고유의 식별 번호이다. HL은 '대한민국'의 국적 기호(무선국 기호: 전세계 무선국에 지정된 알파벳 2 letter code)를 나타내며 고유번호를 표기하는 방법은 항공사마다 상이하다.
* IFE System(In-Flight Entertainment System): 기내 오락 시스템

(4) 합동 브리핑(Joint Briefing)

객실 브리핑을 마친 객실승무원들은 운항 승무원과 대면하여 기장의 주관하에 합동 브리핑을 실시한다. 통상 해당 항공편 출발 1시간 35분 전에 진행되며 항공편 스케줄 및 항공기 출·도착 상황에 따라 탑승구 입구 또는 객실 전방에서 실시하기도 한다.

합동 브리핑 내용

- 비행시간, 항로 및 고도
- 항로상 기상 및 특징
- 난기류(Turbulence) 발생 예상 시간대
- 목적지 기상
- 조종실 출입 절차 및 비상시 연락 방법
- 운항 및 객실승무원 간 협조 사항
- 화물 탑재량 및 상황
- 기타 특이 사항

출처: 대한항공 인스타그램

(5) 공항 청사 이동

합동 브리핑이 끝나면 각자의 짐을 챙긴 후 회사 차량에 탑승하여 공항 청사로 이동한다. 회사에서 지급받은 승무원용 가방 외 기내 반입 규격*1을 초과하는 짐은 Crew Tag을 부착하여 승무원 전용 카운터에서 체크인하며 편승인 경우 이곳에서 탑승권을 발급받는다.

수하물 탁송 후 승무원 출입구를 이용해 보안 검색대를 통과한다. 귀중품 또는 고가의 개인 휴대물품을 소지한 경우는 출국장 내 공항 세관 신고대에서 휴대품반출신고*2를 한다.

모든 출국 심사가 완료되면 해당 항공편 탑승구까지 이동하여 항공기에 탑승한다.

*1 승무원의 휴대 수하물 기내 반입 기준은 승객과 동일하며 3면의 합이 115cm(45inch) 이내 또는 가로 40cm, 세로 20cm, 높이 55cm 크기를 초과하지 않는 수하물 1개와 추가로 노트북 컴퓨터, 서류가방, 핸드백 중 1개를 휴대할 수 있다.

*2 신고할 물품과 여권, 탑승권을 세관 직원에게 제시한 후 '휴대물품반출신고 (확인)서'를 작성하여 1부를 교부받아 출국하고 재입국 시 제출한다.
※ 출처: 인천본부세관

승무원 출국 수속 절차

세관 심사
(Custom Check)
- 미화 10,000불 이상 반출
- 귀금속, 보석류, 악기류, 고급 시계, 카메라 등 미화 800불 이상 고가의 신변 용품 및 신변 장식용품

보안 검색
(Security Check)
- 휴대 수화물 검색(X-Ray 검색대 통과)
- 신체 부착물 검색(Gate형 금속 탐지기 통과 및 휴대용 금속 탐지기)

출국 심사
(Immigration Check)
- 승무원 전용 자동 출입국 심사대에서 여권 스캔

이륙 전 비행 업무는 승객의 안전한 여행과 객실승무원의 원활한 업무 수행을 위해 객실승무원이 항공기에 탑승한 시점부터 항공기가 이륙하기 전까지 수행하는 업무를 말한다.

1 승객 탑승 전 업무

(1) 승무원 탑승 및 개인 소지품 정리

보안 검색 및 출국 수속을 마친 승무원은 항공기에 탑승한다.

✈ 승무원의 항공기 탑승 시간

구 분		항공기 탑승 시간
국내선	중·소형 기종	항공기 출발 45분 전
	대형 기종	항공기 출발 50분 전
국제선		항공기 출발 55분 전

항공기에 탑승하면 승무원은 자신이 소지한 가방을 가지고 담당 구역(Zone)으로 이동한다. 필요 시 기내화로 갈아 신은 후, 비행 중 필요한 개인 소지품을 제외한 가방은 오버헤드빈 또는 담당 구역 내 고정 장치가 장착된 좌석 하단이나 도어가 장착된 코트룸에 정리한다.

(2) 비행 전 점검

비행 전 점검(Pre-Flight Check)이란 승객의 안전하고 편안한 여행을 위해 승객 탑승 전 객실승무원이 담당 구역의 비상·보안장비 및 보안 상태, 객실 설비와 서비스 용품 등을 점검하는 것을 말한다.

먼저 모든 승무원은 객실사무장의 방송에 따라 각자 배정된 승무원용 좌석 주변의 비상·보안장비의 탑재 위치와 작동법, 이상 유무를 확인하고 PA로 보고한다. 그 후 승객 좌석 주변, 화장실, 갤리 등의 보안 점검 및 청소 상태를 확인하고 이상이 있을 경우 PA로 보고한다.

객실사무장은 객실 설비 및 장비의 기능 점검 및 확인을 총괄한다. 기내식 탑재 및 기내서비스 용품 탑재에 관한 상세 내역은 각 갤리 담당 승무원이 확인한다.

비행 전 점검 사항(Pre-Flight Check List)

담 당	점검 항목		점검 내용
전 승무원	객실 비상·보안장비		• 화재 진압 장비(Fire & Smoke Equipment) • 비상 착수 및 탈출 장비(Ditching & Evacuation Equipment) • 객실 의료 장비(Medical Equipment) • 데모 장비(Demonstration Kit) • 보안장비(Security Equipment)
	객실 보안		• 승객 좌석, 객실 바닥, 승무원용 좌석 주변 의심 물품 점검 • 선반 내 승객 짐 및 이상 물품 유무 확인 • 화장실 내 쓰레기통, 화장지 보관함, 세면대 하단 컴파트먼트(Compartment) 내부 이상 물품 유무 확인 • 갤리 내 오븐, 냉장고, 컴파트먼트 및 쓰레기통 내부 이상 물품 유무 확인
전 승무원	객실 설비	통신 시스템	• 기내 방송 및 인터폰 장비(PA & Interphone System) • 녹음된 기내방송 장비(Pre-Recorded Announcement System) • PSU(Passenger Service Unit) • 승객 좌석 주변 장비(Passenger Seat Area)
		객실 조명 & 온도 시스템	• 조명 조절 장비(Cabin Lighting System) 단계별 점검 • 기내 온도 조절 장비(Cabin Temperature Control System)
		갤리 장비	• 오븐, 커피메이커, 워터보일러, 냉장고, 에어 칠러 등
		화장실	• 승무원 호출 버튼(Attendant Call Button) 정상 작동 여부 • 화재 장비 정상 작동 여부(연기감지기, 열감지형 소화기) • 화장실 물내림(Flushing), 쓰레기통 뚜껑 정상 작동 여부 • 물 탑재량 & 화장실 탱크(Water Gage & Lavatory Tank Gage)
		기내 오락 시스템	• 개인 모니터 정상 작동 여부(Audio/Video System) • 에어쇼(Air Show) 정상 작동 여부
	객실 청소 상태		• 담당 구역별 객실 및 화장실 청소 상태 • 좌석 하단, 앞 좌석 주머니, 헤드레스트 커버의 청결 상태
갤리 담당 승무원	기내식 및 기내서비스 용품		• 기내식 수량 및 내용 • 서비스 아이템 내역 • 서비스 기물 탑재 및 파손 여부
기내 판매 담당 승무원	기내 면세품		• 기내 면세품 종류별 수량 • 기내 면세품 판매 보조용품

(3) 객실 서비스 준비

비상·보안장비 및 서비스 용품 탑재 점검이 마무리되면 서비스 담당(Aisle Duty) 승무원은 지상에서 제공할 서비스 준비를 한다.

① 화장실 용품 세팅

화장실 용품은 갤리 내 드라이아이템용 캐리어 박스에 탑재된다. 화장품류는 뚜껑을 열어 제품의 로고가 정면으로 보이도록 세팅하고 칫솔 등은 정해진 위치에 가지런히 정돈해 놓는다. 화장지는 뽑아 쓰기 쉽게 미리 한 장을 반 정도 뽑아놓고 두루마리 휴지는 끝부분을 삼각형으로 접어 둔다. 화장실 내 컴파트먼트에 여분의 화장실 용품을 충분히 세팅한다.

모든 작업이 끝나면 변기 덮개의 닫힘 상태를 확인하고 방향 스프레이를 살포한 후문을 닫는다.

화장실 점검 사항(Lavatory Check List)

점검 항목	점검 내용
화장실 용품 세팅	• 스킨, 로션, 미스트, 칫솔&치약 등 • 화장실 내 기본 용품(화장지, 핸드 페이퍼 타월, 두루마리 휴지, 1회용 변기 커버, 3oz 컵, 물비누 등) 비치 상태
청소 상태	• 세면대, 거울, 변기, 화장실 선반 및 바닥, 쓰레기통 내부 • 변기 덮개 닫힘 상태

❷ 객실 내 서비스 아이템 세팅

　국제선 장거리 노선의 경우, 서비스 담당 승무원은 담당 구역 승객 좌석 위에 헤드폰과 편의용품을 세팅하고 담요와 베개의 세팅 상태를 확인한다. 단거리인 경우에는 탑승구 앞에 이어폰을 세팅하여 탑승 시 필요한 승객이 직접 집어갈 수 있도록 한다.

　보안 점검이 완료된 선반은 모두 열린 상태로 두어 승객이 휴대 수하물을 보관할 공간을 쉽게 찾을 수 있도록 한다.

❸ 갤리 정리 및 서비스 준비

갤리 및 서비스 담당 승무원은 서비스에 필요한 각종 기물과 서비스 아이템을 정해진 위치에 정리하고 다음과 같이 준비한다.

 승객 탑승 전 갤리 준비 사항

- 각종 기물 및 서비스 아이템 정위치 정리
- 음료 칠링(화이트 와인, 맥주, 소프트 드링크, 물, 주스 등)
- 머들러 박스(Muddler Shelf) 내용물 세팅
- 트레이에 트레이 매트 부착
- 기타

갤리 담당 승무원은 SHR(Special Handling Request)에 기재된 특별 기내식의 주문 내역을 보면서 케이터링(Catering) 직원과 인수인계 작업을 실시한 후 탑재 내역을 객실사무장에게 보고한다. SHR에 기재된 특별 기내식이 탑재되지 않았을 경우, 케이터링 직원에게 요청하여 탑재하도록 한다.

❹ 승객 탑승 준비

승객 탑승 준비가 완료되면 객실사무장은 객실 상태를 최종 점검하고 보딩뮤직(Boarding Music)을 켠다. 승무원은 모두 각자 하던 업무를 마무리하고 유니폼 정복 착용 상태를 확인한 후 지정된 위치에서 승객을 맞이할 준비를 한다.

② 승객 탑승 시 업무

승객 탑승 시간은 운항 기종 및 노선, 승객 예약 현황과 현지 공항 사정에 따라 달라질 수 있다. 일반적으로 국내선은 항공기 출발 20분 전, 국제선 노선은 항공기 출발 40분 전에 탑승을 시작한다.

 승객 항공기 탑승 시간

구 분	승객 항공기 탑승 시간
국내선	항공기 출발 20분 전 시작
국제선	항공기 출발 40분 전 시작

승객의 원활한 탑승을 유도하여 항공기가 정시에 출발할 수 있도록 하며 승객은 항공사에서 제시하는 다음과 같은 탑승 순서에 따라 탑승한다.

승객 탑승 우선순위

- Stretcher 승객*¹
- 운송 제한 승객*²
- 유/소아 동반 승객, 노약자, 도움이 필요한 승객*³
- VIP, CIP
- First Class 승객
- Business Class 승객
- Economy Class 후방 승객
- Economy Class 전방 승객

*¹ 정상적으로 승객 좌석을 이용할 수 없고 반드시 보호자나 의사와 함께 탑승하여 의료용 침대(Stretcher)를 이용해야 하는 승객
*² 운송 제한 승객(RPA: Restricted Passenger Advice)
- Stretcher 승객
- 보행 장애 승객
- UM
- 시각 장애 승객
- 32주 이상의 임산부
- 추방자
- 환자 승객
- TWOV
*³ 도움이 필요한 승객
몸이 불편한 승객, 임신 중인 승객, 반려동물 동반 승객 등

(1) 좌석 안내

승객 보딩 사인(Boarding Sign)이 나가면 객실사무장은 주 탑승구에 위치하여 승객의 탑승을 지휘한다. 객실사무장과 환영 인사를 담당하는 승무원은 탑승구에서 승객의 탑승권을 받아 항공편명과 날짜를 정확히 확인하고 좌석의 방향을 안내한다. 승객 중 만취한 승객이나 항공 여행에 부적절하다고 판단되는 승객이 있을 경우, 객실사무장은 기장에게 보고하고 운송 책임자와 협의하여 탑승 여부를 결정한다.

 탑승 거절 가능 승객

항공사에서 항공 여행의 안전을 저해하거나 승객의 불편함을 초래할 가능성이 있는 특정 승객에 대해 탑승을 거절하거나 제한할 수 있는 승객을 말한다.

- 건강상의 이유로 항공 여행이 부적합해 보이는 승객(신경질환자, 생후 2주 미만의 신생아, 대수술 후 10일 미만자)
- 과음으로 인해 행동에 이상이 있거나 약물에 의해 영향을 받은 것으로 보이는 승객
- 타인에게 불쾌감을 주는 기괴한 특성을 보이는 승객
- 탑승권이 없거나 적절한 신분증을 제시하지 못하는 승객
- 정신적으로 불안정하여 타인에게 위해한 행동을 하거나 자살을 시도할 우려가 있을 것으로 판단되는 승객
- 법정 전염병을 앓고 있는 승객

객실 내 서비스 담당 승무원들은 담당 구역의 비상구 및 지정된 위치에서 밝은 환영 인사와 함께 승객의 좌석을 안내한다. 특히 도움을 필요로 하는 노약자나 몸이 불편한 승객, 어린이, 유아 동반 승객에게는 먼저 다가가 적극적으로 안내한다.

좌석을 안내하다 중복된 좌석번호를 발견하면 정중한 태도로 승객의 탑승권을 받아 날짜, 편명, 이름과 좌석번호를 확인한다. 동일한 좌석이 중복 배정된 것으로 확인이 되면 나중에 탑승한 승객에게 양해를 구하고 가까운 Jump Seat에 앉아 기다리도록 안내한 다음, 신속하게 객실사무장에게 보고하여 지상 직원을 통해 좌석 재배정을 조치한다. 기다린 승객을 재배정된 좌석으로 안내하여 착석과 짐 정리를 도운 후 불편을 끼친 점에 대해 다시 한번 정중하게 사과한다.

(2) 휴대 수하물 정리

승무원은 승객의 좌석을 안내함과 동시에 휴대 수하물을 신속하게 정리할 수 있도록 돕는다. 휴대 수하물은 오버헤드빈, 고정 장치가 설치된 좌석 하단 또는 도어가 장착된 코트룸에 보관한다. 특히 오버헤드빈에 보관한 수하물은 문을 열었을 때 떨어져 승객이 다치는 일이 발생하지 않도록 탑승 시 보관 상태를 철저히 확인한다. 짐을 옮기거나 보관하는 데 도움을 필요로 하는 승객에게는 승무원이 직접적으로 도움을 제공한다. 비상구 주변이나 객실 통로는 비상 사태 시 승객의 신속한 탈출에 방해가 되지 않도록 항상 깨끗한 상태를 유지한다.

높이 55cm
가로 40cm
세로 20cm

승객의 기내 반입 휴대 수하물 규정은 항공사의 정책과 항공권의 좌석 등급에 따라 상이하나 통상 일반석에서는 3면의 합이 115cm(45inch) 이내이거나 가로 40cm, 세로 20cm, 높이 55cm 크기를 초과하지 않는 수하물 1개*이며 추가로 노트북 컴퓨터, 서류 가방, 핸드백 중 1개를 휴대할 수 있다.

탑승 시 기내 반입 휴대 수하물 규정을 초과하거나 반입이 안 되는 수하물을 발견할 경우, 해당 승객에게 기내 반입이 불가함을 정중히 설명한 후 지상 직원을 통해 화물로 운송할 수 있도록 한다. 이때 비행 중 필요한 물품이나 현금, 유가증권, 고가품 등은 승객이 직접 소지하도록 권유하며 깨지기 쉬운 수하물일 경우, 승객의 서명을 받은 후 Fragile Tag을 부착하여 위탁한다.

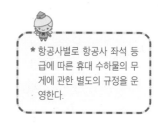

*항공사별로 항공사 좌석 등급에 따른 휴대 수하물의 무게에 관한 별도의 규정을 운영한다.

승객이 기내에 반입한 휴대 수하물은 승객이 직접 관리해야 하며 항공사는 분실이나 파손에 대한 책임이 없다.

기내 휴대 제한 품목(SRI: Security Removed Item)

- 총포류, 칼, 가위, 송곳, 톱, 골프채, 건전지 등 타 고객에게 위해를 가할 수 있는 물품
- 인명 또는 항공기 안전 및 보안을 위해할 가능성이 있는 물품
  → 반드시 위탁 수하물로 탁송해야 하며 출국 수속 중 보안 검색 시 발견된 물품은 직원에 의해
  수거되어 승객이 목적지 도착 후 공항 수하물 찾는 곳에서 반환

(3) 비상구 좌석 안내

비상구 좌석(Emergency Exit Seat)은 승객이 비상구로 접근하기 위해 통과해야 하는 비상
구 창가 좌석부터 통로까지의 좌석을 말하며 정부 고시에 따라 승무원의 안내를 이해
하고 비상시 다른 승객들의 탈출을 도울 수 있는 신체 건강한 만 15세 이상 승객에게
배정될 수 있다.

비상구 좌석 착석 불가 승객

- 활동성, 체력 또는 양쪽 팔이나 손 및 다리의 안정성이 비상 탈출 및 착수 장비의 조작을 수행
  하기 어려운 승객
- 글 또는 그림의 형태로 제공된 비상 탈출에 관한 지시를 읽고 이해하지 못하거나 승무원의 구
  두 지시를 이해하지 못하는 승객
- 콘택트렌즈나 안경을 제외한 다른 시력 보조 장비 없이는 비상 탈출 및 착수 장비의 조작을 수
  행할 수 없는 승객
- 일반적 보청기를 제외한 다른 청력 보조 장비 없이는 승무원의 탈출 지시를 듣고 이해할 수 없
  는 승객
- 다른 승객들에게 정보를 적절하게 전달할 수 있는 능력이 부족한 승객
- '비상구 좌석 착석 규정'을 준수할 의사가 없거나, 기타 객실승무원 또는 항공사의 운항 규정에
  의거하여 비상구 좌석에 착석이 불가하다고 판단되는 승객

승무원은 담당 구역 내 비상구 좌석에 승객이 착석하면 반드시 승객 개인별로 비상구 좌석 브리핑을 실시하고 비상시 행동 요령에 대해 안내한다.

 비상구 좌석 브리핑 요령

"안녕하십니까? 이곳은 비상구 열 좌석으로 비상 시 승무원을 도와주셔야 합니다.
비상구 좌석 승객의 임무는 비상구 외부 상황을 확인하고 승무원의 지시 및 신호에 따르는 것입니다.
비상구는 항공기 외부에 이상이 없고 승무원의 요청이 있는 경우에만 개방할 수 있습니다.
탈출 전 미끄럼대 상태를 확인 후 먼저 탈출하시고, 이후 내려오는 승객들을 도와주며 항공기로부터
대피하도록 안내해 주십시오. 협조해 주시겠습니까?"
"감사합니다."

어린이, 노약자, 환자 등 비상구 좌석 착석 규정에 부적합한 승객이 착석했을 경우에는 객실사무장에게 보고하여 해당 승객의 좌석 재배정을 조치한 후 출발할 수 있다.

비상 상황 시 비상구 착석 승객의 의무

비상구 외부 상황을 확인하고 승무원의 지시 및 신호에 따른다.	항공기 외부에 이상이 있을 경우 비상구를 열지 않는다. 이상이 없을 경우 비상구를 개방한다.	비상 탈출 미끄럼대의 상태를 확인 후 비상 통로로 먼저 탈출한다.	미끄럼대의 균형을 잘 유지하여 미끄럼대에서 내려오는 승객들을 도와주며 승객들이 항공기로부터 즉시 대피하도록 안내한다.

(4) 특별 기내식 주문 승객 확인

특별 기내식을 주문한 승객이 탑승하면 SHR에 기록된 좌석번호와 승객 성명, 특별 기내식 메뉴를 해당 승객에게 확인한다. 주문 내역이 맞으면 승객의 좌석번호가 기재된 특별 기내식 인식표를 해당 승객 좌석 헤드레스트 상단에 부착한다.

(5) 지상 서비스

지상에서의 서비스는 항공기가 지상에서 이동하기 전까지 안전 업무 수행에 지장이 없는 범위에서 실시한다.

항공기 좌석 등급 및 비행시간에 따라 서비스하는 아이템에 차이가 있으며 일등석과 비즈니스석의 경우 대부분의 항공사에서 탑승 환영 음료(Welcome Drink), 탑승 기념 선물(Give-Away) 등을 서비스한다.

일반석 장거리 노선에서는 지상에서 미리 세팅한 편의용품과 헤드폰을, 단거리 노선에는 승객의 약 80%가 탑승한 시점에 입국 서류를 서비스한다.

(6) Door Close 준비

항공기 출발 5분 전에 방송 담당 승무원은 출발 준비(Prepration for Departure) 안내 방송을 실시한다. 객실 내 승무원들은 신속한 출발 준비를 위해 승객의 빠른 착석을 돕는다. 또한 오버헤드빈 내 수하물의 안전한 보관 상태를 확인한 후 모두 닫는다.

③ 승객 탑승 완료 후 업무

(1) Door Close

객실사무장은 지상 직원으로부터 승객 탑승 완료 보고와 함께 출발에 필요한 서류와 도착지 입국 서류가 들어 있는 Ship Pouch를 받는다. 이때 서류상의 탑승객 수와 실제 탑승한 승객 수의 일치 여부가 확인이 되면 객실사무장은 기장에게 탑승 인원을 보고한다.

기장으로부터 Door Close에 대한 허가를 받으면 객실사무장은 항공기 Door Close 방송을 하고 항공기 Door를 닫는다.

(2) Door Mode 변경

Door Close 후 항공기에 연결된 탑승교(Boarding Bridge) 또는 스텝카(Step Car)가 분리되면 객실사무장은 All Attendant Call로 Door Mode 변경을 지시한다.

❶ Door Mode 변경 방법

객실사무장의 All Attendant Call이 울리면 모든 승무원은 즉시 담당 Door Side에 위치해 All Attendant Call에 응답하여 객실사무장의 지시에 따라 Door Mode를 변경한다.

> "Cabin Crew, Safety Check and Cross Check."

객실승무원은 담당 Door의 Door Mode 선택 레버를 정상위치에서 팽창위치로 변경한다.

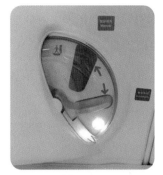

| 정상위치(Manual Position)　　　　　　　| 팽창위치(Automatic Position)

L Side와 R Side 객실승무원은 엄지손가락을 위로 세워 각자의 Door Mode 선택 레버를 가리키면서 상호 확인(Cross Check)한다.

❷ Door Mode 변경 보고 방법

객실사무장의 All Attendant Call이 울리면 객실 최후방 L Side 객실승무원부터 차례로 Door Mode 변경을 보고한다. 이때 R Side 객실승무원은 All Attendant Call에 응답하지 않고 L Side 객실승무원의 보고 절차가 완료될 때까지 담당 Door 앞에서 대기한다.

"L2, Safety Check."

Door Mode 변경 보고 시점에 Door Mode 변경을 하지 못하거나 이상이 있는 경우, 이상 상황을 보고한다.

객실사무장은 객실 내 Door Mode 변경 상태를 승무원의 구두 보고와 Control Panel의 표식으로 이중 확인하고 기장에게 'Push-Back 준비 완료'를 보고한다. Push-Back 준비 완료 보고를 마치면 항공기는 지상 이동을 시작한다.

① Viewing Window 상단에 있는 Red Warning Flag를 Viewing Window와 사선이 되게 놓는다.

② Slide Bustle에 장착된 Girt Bar를 바닥에 있는 Bracket에 고정시킨다.

| 정상위치(Manual)

| 팽창위치(Automatic)

(3) Welcome 방송 & 환영 인사

항공기 Door Close 후 Door Mode 변경과 보고가 완료되면 승무원은 담당 구역의 지정된 위치에 바른 자세로 서서 승객에게 환영 인사 준비를 한다.

전 승무원은 Welcome 방송의 첫 인사말과 함께 항공사별로 정해진 인사법에 따라 승객을 향해 밝은 미소로 정중히 인사한다. 방송이 계속되는 동안 승무원들은 담당 구역을 순회(Walk Around)하면서 승객과 눈 맞춰 인사를 하고 좌석벨트 착용을 유도한다.

(4) Safety Demonstration

Safety Demonstration은 승객에게 비행 중 안전에 관한 안내 사항 및 비상 시 항공기 비상착륙과 착수, 갑작스러운 기류 변화와 기내 감압에 대한 정보를 안내하는 것이다.

항공사는 항공 규정에 따라 항공기 출발 전, 전 노선에서 반드시 Safety Demonstration을 실시해야 하며 기종에 따라 비디오로 상영하거나 승무원이 Demo 용구를 이용해 직접 시연한다. 비디오로 상영할 경우 승무원은 영상이 종료될 때까지 각자 담당 구역 Jump Seat에 착석하여 대기한다.

 Safety Demonstration 안내 사항

① 비상구 위치
② 비상장비 사용법
- 좌석벨트 착용 시점 및 착용 방법
- 산소마스크 사용법
- 구명복 착용 시점 및 착용 방법
③ 안전한 여행을 위한 설명서(Safety Information Card) 필독

Safety Demonstration이 끝나면 승무원은 담당 구역을 순회하며 승객의 좌석벨트 착용 상태와 좌석 등받이, 접이식 테이블, 발 받침대, 개인용 모니터 정위치 상태, 오버헤드빈의 닫힘 상태 및 휴대전화 모드 상태 등을 점검한다.

유·소아 동반 승객 및 몸이 불편한 승객, 노약자 등 비상 탈출 시 도움을 필요로 하는 승객에게는 별도의 브리핑을 실시한다.

(5) 최종 안전 점검

　　전 승무원은 이륙 준비를 위해 다음 사항을 최종 점검한다.

✈ 이륙 전 최종 안전 점검 사항

구 분	점검 항목
객실 (Cabin)	• 승객의 착석 및 좌석 벨트 착용 상태 • 승객 좌석 등받이, 접이식 테이블, 개인용 모니터 등의 정위치 상태 • 오버헤드빈 닫힘 상태
갤리 (Galley)	• 갤리 내의 유동물 고정 • 모든 컴파트먼트의 닫힘 및 잠김 상태 • 모든 카트의 정위치 보관 및 고정 상태
화장실 (Lavatory)	• 화장실 내 승객 유무 • 화장실 변기 덮개 고정

항공기 이륙(Take-Off)

항공기 이륙을 위한 최종 안전 관련 업무를 완료한 승무원은 지정된 승무원용 좌석에 Ready Position으로 착석한 후 30 Second Review를 실시한다.

항공기 이륙 신호(Take-Off Signal)가 나오면 객실사무장은 모든 승객과 승무원의 착석 상태 및 객실 내 모든 유동물 고정 상태를 확인하고 '이륙 안내 방송'을 실시한다. 방송 후 즉시 기장에게 '객실 이륙 준비 완료'를 최종 보고하고 객실 조명을 외부 밝기에 맞춰 Dim 상태로 조절한다.

⏱ Ready Position
- 좌석벨트를 허리 아래로 고정하여 착용
- 숄더 하네스(Shoulder Harness) 착용
- 몸을 세워 점프 시트에 고정시켜 기대앉음
- 발바닥을 바닥에 붙이고 양 손바닥을 위로 향하게 하여 허벅지 아래에 두고 앉음

⏱ 30 Second Review
통계적으로 항공기 사고가 가장 많이 발생하는 이륙 후 3분, 착륙 후 8분 동안(Critical 11) 승무원이 Jump Seat에 앉아 만일의 경우에 발생할 수 있는 사고에 대한 행동 강령을 30초간 상기하는 행동이다.
- 비상구 & 비상장비 위치와 작동법
- 비상 탈출 순서
- 충격 방지 자세 명령어
- 협조자
- 도움을 주어야 하는 승객

이륙 전 비행 업무 실습하기

1. 승무원 탑승 및 개인 소지품 정리

2. 비행 전 점검
   - 객실 비상 · 보안장비
   - 객실 보안
   - 객실 설비(PA 모니터링 테스트)
   - 객실 청소 상태
   - 기내식 및 기내서비스 용품
   - 기내 면세품

3. 객실 서비스 준비
   - 화장실 용품 세팅
   - 객실 내 서비스 아이템 세팅(헤드폰 & 편의용품)
   - 갤리 정리 및 서비스 준비
   - 승객 탑승 준비(보딩 뮤직 켬)

4. 승객 탑승
   - Special Care PAX
   - 좌석 안내
   - 휴대 수하물 정리
   - Special Meal 주문 승객 확인
   - 비상구 좌석 승객 브리핑

5. Preparation for Departure 방송
   - 승객 착석 안내
   - Overhead Bin 닫음

6. 객실사무장 항공기 Door Close 방송
   - Door Close

7. 객실사무장 Door Mode 변경 지시(All Attendant Call)
   - Door Mode 변경
   - All Attendant Call 후 최후방 L Side부터 보고

8. Welcome 방송 실시 & 환영 인사
- 담당 구역 순회 및 좌석벨트 착용 안내
- Boarding Music OFF

9. Safety Demonstration

10. 최종 안전 점검(Cabin / Galley / Lavatory)

11. Jump Seat 착석 & 30 Second Review

12. 항공기 이륙 신호(Take-Off Signal) 후 객실사무장 항공기 Take-Off 방송
- Cabin Light 조절(Dim)

13. 항공기 이륙

Memo

3 비행 중 서비스 업무

① 기내식 서비스

기내식 서비스는 갤리 담당(Galley Duty) 승무원이 총괄한다. 구역별 갤리 담당 승무원은 비행 전 점검(Pre-Flight Check) 시 해당 노선에 필요한 서비스 기물, 서비스 아이템 및 기내식의 탑재 내역을 정확히 점검한다. 이때 탑승객 수, 식사 횟수, 특별 기내식 등을 정확히 확인하며 최종적인 내용을 객실사무장에게 보고한다.

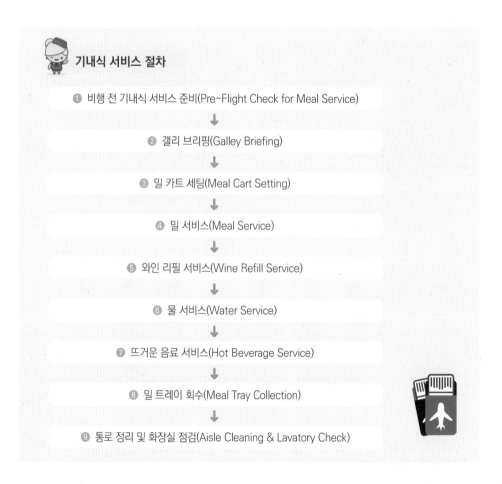

기내식 서비스 절차

❶ 비행 전 기내식 서비스 준비(Pre-Flight Check for Meal Service)

↓

❷ 갤리 브리핑(Galley Briefing)

↓

❸ 밀 카트 세팅(Meal Cart Setting)

↓

❹ 밀 서비스(Meal Service)

↓

❺ 와인 리필 서비스(Wine Refill Service)

↓

❻ 물 서비스(Water Service)

↓

❼ 뜨거운 음료 서비스(Hot Beverage Service)

↓

❽ 밀 트레이 회수(Meal Tray Collection)

↓

❾ 통로 정리 및 화장실 점검(Aisle Cleaning & Lavatory Check)

(1) 비행 전 기내식 서비스 준비

- 승객 수를 감안하여 주스류, 소프트 드링크류, 맥주, 생수, 화이트 와인 등 비행 중 차게 제공할 음료를 칠링한다. 기종에 따라 냉장고, 아이스드로어*, 드라이아이스를 이용하며 우유, 와인 등은 비닐 팩 등으로 감싸 외관이 손상되지 않도록 한다. 드라이아이스를 이용해 칠링할 경우 음료가 얼지 않도록 유의한다.

* 아이스드로어(Ice Drawer): 얼음을 보관하는 서랍형 컴파트먼트

- 오븐에 세팅된 앙트레의 냉동 상태를 점검하여 필요한 경우 미리 해동시킨다.
- 밀 카트 앞뒤를 열어 밀 트레이 위에 있는 드라이아이스를 제거한다.
- 트레이 위에 트레이 매트를 깔아 준비하고 머들러 박스(Muddler Shelf)를 채워 놓는다.
- 그 외 기내식 서비스에 필요한 서비스 기물과 서비스 아이템의 탑재 위치 및 수량을 확인하고 비행 중 사용하기 편리한 위치에 깨끗이 정리한다.

(2) 갤리 브리핑

이륙 후 기내식 서비스 전 갤리 내에서의 효율적인 작업과 원활한 기내식 서비스 진행을 위해 구역별로 갤리 브리핑을 실시하며 다음과 같은 사항을 공유한다.

- 담당 구역의 탑승객 정보 및 특이 사항
- 탑재된 기내식 메뉴의 종류와 수량
- 특별 기내식 내용 및 수량
- 담당 구역의 서비스 진행 방향 및 방법
- 서비스 시 유의 사항 및 기타 특이 사항

(3) 밀 카트 세팅

- 앙트레는 메뉴에 따라 온도와 시간을 맞춰 오븐에 데운다.
- 앙트레 데우기가 완료되면 즉시 오븐에서 꺼내어 식지 않도록 밀 트레이에 세팅한다.

❶ 런치 및 디너 서비스 시

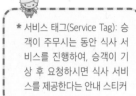

* 서비스 태그(Service Tag): 승객이 주무시는 동안 식사 서비스를 진행하여, 승객이 기상 후 요청하시면 식사 서비스를 제공한다는 안내 스티커

- 밀 카트 상단 드로어 내 레드 와인과 화이트 와인, 생수, 각종 주스류, 맥주, 소프트 드링크, 고추장, 소금/후추, 서비스 태그(Service Tag)*, 종이컵, 와인 린넨 등을 세팅한다.
- 비빔밥을 서비스하는 경우, 드로어 안에 외국인용 비빔밥 취식 안내지를 준비한다. 서비스 직전, 카트 상단에 국물용 뜨거운 물을 담은 포트와 물을 닦을 용도의 칵테일 냅킨을 세팅한다.

| 런치/디너 밀 카트 상단 차림

② 브렉퍼스트 및 브런치 서비스 시

밀 카트(Meal Cart) 상단 드로어 내 물, 오렌지주스 외 당일 승객이 선호하는 음료와 고추장, 서비스 태그, 종이컵을 세팅한다.

| 브렉퍼스트/브런치 밀 카트 상단 차림

(4) 기내식 서비스

기내식은 기종별로 정해진 서비스 순서에 따라 제공한다. 승무원은 매 비행 서비스할 기내식 메뉴를 사전에 숙지하여 승객에게 정확히 안내하여 제공한다.

기내식과 함께 서비스하는 와인은 담당 구역의 승객 수 및 승객 성향을 고려하여 미리 오픈하여 브리딩해 준비한다.

① 기내식 서비스 방법

- 특별 기내식이 탑재된 경우 가장 먼저 서비스하며 식사를 제공한 후 개별적으로 음료를 주문받아 서비스한다.
- 밀 서비스는 L side 승객부터 시작하며 메뉴를 주문받을 때는 카트의 페달 장치를 고정한 후 승객을 향해 공수 자세로 선다.

- 메뉴의 주재료와 조리법을 설명한 후 창가 쪽 승객부터 주문을 받는다.
- 주문 받은 식사를 제공한 후 식사와 어울리는 와인과 음료를 주문받아 서비스한다.
- 승객이 원하는 기내식 제공이 불가능한 경우 정중히 양해를 구하고 다른 메뉴를 권하여 제공한다.

- 밀 트레이 위의 내용물을 잘 정리하여 소리가 나지 않게 승객의 테이블에 놓는다.
- 음료는 밀 카트 상단에 준비한 것을 컵에 따라 제공하며 와인은 승객이 선택한 와인을 밀 트레이에 있는 와인 잔에 따른다.
- 식사 서비스 시 수면으로 취식하지 못하는 승객이 있는 경우, 서비스 태그를 앞좌석 헤드레스트에 부착하여 요청 시 따로 식사를 제공할 수 있도록 한다.

❷ 양식 서비스 방법

- 앙트레의 주재료와 조리법, 곁들여진 소스와 채소류 및 녹말류를 설명한 후 승객이 메뉴를 선택하도록 한다.
- 밀 트레이는 앙트레가 승객 앞쪽으로 놓이도록 제공한다.
- 빵을 별도로 서비스하는 경우 밀 트레이에 있는 빵 접시에 올려 제공한다.
- 식사를 서비스한 후 앙트레와 어울리는 와인을 추천하여 제공한다.
- 앙트레의 메뉴에 따라 소금, 후추, 고추장 등 필요한 소스를 함께 제공한다.

| 양식(소고기)

❸ 한식(비빔밥) 서비스 방법

- 밀 트레이는 비빔밥 나물과 밥이 승객 앞쪽으로 놓이도록 제공한다.
- 미역국은 뜨거운 물을 붓고 반드시 뜨겁다는 안내와 함께 제공한다.
- 식사를 서비스한 후 와인과 기타 음료를 권하여 제공한다.
- 외국인에게 비빔밥을 서비스하는 경우 비빔밥 취식 안내지와 함께 취식 방법을 간략히 설명한다.

| 한식(비빔밥)

(5) 와인 리필 서비스

- 기내식 서비스가 끝나면 밀 카트를 갤리에 정리한 후 기내식 서비스와 같은 순서로 와인을 리필한다.
- 한 손에 레드 와인, 다른 한 손에 화이트 와인을 와인 라벨이 보이도록 잡고 원하는 승객에게 따른다.
- 승객이 기내식 서비스 때 선택한 와인과 다른 와인을 요청할 경우 승무원은 플라스틱 컵을 새로 제공한 후 와인 서비스를 한다.

(6) 물 서비스

- 와인 리필 서비스가 끝나면 기내식 서비스와 같은 방향으로 물 서비스를 실시한다.
- 한 손에 종이컵을 올린 스몰 트레이를 잡고 다른 한 손에 물병을 든다.
- 승객이 종이컵을 직접 집어 트레이에 놓도록 안내한 후 트레이를 통로 쪽에 두고 물을 따른다.

(7) 뜨거운 음료 서비스

- 식사 후 제공하는 뜨거운 음료는 승객의 취식 정도를 살펴 디저트와 함께 마실 수 있도록 준비한다.
- 커피는 원두커피를 서비스하며, 차는 녹차와 홍차 두 종류를 서비스한다. 승객의 요청이 있을 경우 디카페인 커피를 개별적으로 제공한다.
- 뜨거운 음료는 항상 뜨거운 상태로 서비스할 수 있도록 하며 최소 1회 이상 리필한다.

❶ 서비스 준비

- 포트의 내외부 청결 상태를 점검한 후 뜨거운 물로 따뜻하게 데워 준비한다.
- 모든 서비스 용품은 로고가 승객에게 바로 보일 수 있는 방향으로 세팅한다.

❋ 커피 서비스

- 커피 서비스용 트레이에는 설탕, 감미료, 크림을 준비한다.
- 커피는 신선한 커피를 제공하기 위해 서비스 직전에 브루한다.

❋ 차 서비스

- 차 서비스용 트레이에는 녹차와 홍차 티백, 설탕, 칵테일 픽에 꽂은 레몬 슬라이스를 준비한다.
- 뜨거운 물은 식지 않도록 서비스 직전에 준비한다.
- 레몬 슬라이스는 서비스 전 칵테일 픽에 꽂아 마르지 않도록 차갑게 보관한다.

| 커피 서비스용 트레이(Coffee Tray) | 차 서비스용 트레이(Tea Tray)

② 서비스 방법

- 뜨거운 음료는 기내식 서비스와 같은 순서로 서비스한다.
- 통로를 이동할 때는 안전을 위해 포트를 트레이 아래쪽에 둔다.
- 준비한 트레이에 승객이 컵을 올려놓도록 안내한다.
- 컵을 올린 트레이는 통로 쪽에 두고 뜨거운 음료는 컵의 70~80% 정도 따른다.
- 음료를 담은 컵을 승객이 안전하게 잡을 수 있도록 트레이는 테이블 높이에 맞춘다. 이때 포트는 통로 쪽에 두고 반드시 뜨겁다는 안내를 한다.
- 티백, 설탕, 크림, 레몬은 승객이 직접 집도록 안내한다. 특히 홍차를 선택한 승객에게는 레몬을 권유한다.
- 뜨거운 음료는 컵의 70~80% 정도 따르고 반드시 뜨겁다는 안내와 함께 제공한다.

(8) 밀 트레이 회수

승객의 90% 정도가 식사를 끝냈을 때 밀 트레이 회수를 시작한다. 서비스 도중에 식사를 일찍 끝낸 승객이 있을 경우 개별적으로 회수한다. 회수할 때는 반드시 승객의 의사를 확인하여 승객이 충분한 여유를 가지고 식사를 할 수 있도록 한다.

❶ 회수 준비

- 밀 카트 상단에 빈 드로어(Drawer) 2개를 올린다.
- 드로어에는 물, 주스, 종이컵, 칵테일 냅킨과 핸드 페이퍼 타월을 세팅한다.

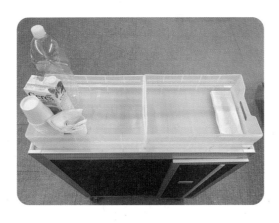

❷ 회수 방법

- 기내식을 서비스한 순서대로 회수하며 서비스할 때와 반대로 통로 쪽 승객부터 먼저 회수한다. 통로 쪽 승객이 식사 중인 경우 승객의 식사에 방해가 되지 않도록 양해를 구하고 안쪽 승객부터 회수한다.
- 밀 트레이는 한 번에 한 개씩 회수하며 여러 개를 포개어 회수하지 않는다.
- 회수한 트레이는 밀 카트 상단부터 채워 넣는다.
- 필요한 경우 준비한 핸드 페이퍼 타월로 승객의 테이블을 닦아 정리한다.
- 트레이 회수 후 음료를 주문하는 경우 테이블 위에 먼저 칵테일 냅킨을 놓고 그 위에 주문 받은 음료를 놓는다.
- 준비한 음료 외의 다른 음료를 주문 받았을 경우 즉시 갤리에서 준비하여 제공한다.

(9) 통로 정리 및 화장실 점검

❶ 통로 정리(Aisle Cleaning)

- 서비스 담당 승무원은 앞치마를 갈아입고, 드라이아이템용 캐리어 박스 내 일회용 비닐장갑, 카페트 청소 전용 솔과 비닐백을 준비한다.
- 담당 구역의 통로에 있는 빵 부스러기와 같은 작은 이물질을 카페트 청소 전용 솔로 제거하고 사용한 컵이나 헤드폰 비닐 등은 비닐백에 회수하여 객실 청결을 유지한다.

❷ 화장실 점검(Lavatory Check)

- 서비스 담당 승무원은 화장실 앞에 대기하는 승객이 있는 경우, 양해를 구하고 화장실 문을 개방한 상태에서 화장실 점검을 신속하게 실시한다.
- 화장실 내 컴파트먼트에 두루마리 휴지, 화장지, 핸드페이퍼 타월, 일회용 변기 커버, 3oz 컵 등 화장실 용품을 충분히 세팅한다.
- 중거리에서는 식사 후 칫솔 세트를 세팅한다.

- 화장실 용품을 정해진 위치에 가지런히 정리하고 세면대, 거울, 바닥에 물기가 없도록 하여 청결을 유지한다.
- 두루마리 휴지는 사용하기 쉽게 끝부분을 삼각형으로 접어둔다.
- 모든 작업이 끝나면 변기 커버를 닫힌 상태로 하고 화장실용 방향 스프레이를 살포 후 대기 중인 승객이 사용하도록 안내한다.

2 입국 서류 서비스

서비스 담당 승무원은 첫 번째 식사 서비스가 끝나고 객실 정리가 마무리되면 담당 구역의 승객에게 입국에 필요한 입국 서류를 배포한다. 이때 작성에 도움이 필요한 승객에게는 작성을 적극적으로 돕는다.

(1) 배포 시점

- 국제선 장거리 노선의 경우 각 노선별 서비스 절차에 따라 배포한다.
- 일반적으로는 첫 번째 기내식 서비스 마무리 후 입국 서류를 배포하고 승객의 작성을 돕는다. 두 번째 식사 서비스가 끝나면 승객의 입국 서류 작성 여부를 확인한다. 이때 제공받지 못한 승객에게는 입국 서류를 배포한다.

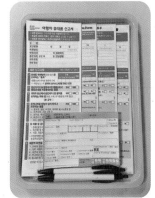

- 국제선 단거리 노선에서는 안전 규정 허용 범위 내에서 지상에서 서비스 담당 승무원이 담당 구역별로 승객에게 입국 서류를 배포한다.

(2) 준비 사항

- 2종류 이상의 서류를 배포할 경우에는 Small Tray를 이용하여 당일 담당 구역 내 탑승객의 국적에 따른 언어별 입국 서류와 볼펜을 준비한다.

(3) 서비스 방법

- 국가별 출입국 규정을 정확히 숙지한 후 구역의 승객별 최종 목적지 및 국적을 확인하고 해당 서류를 배포한다.
- 필요 시 볼펜을 제공한다.
- 담당 구역별로 UM, 노약자 등 도움이 필요한 승객은 입국 서류 작성에 적극적으로 협조한다.

| 출처: 아시아나항공 홈페이지

③ 기내 판매 서비스

(1) 기내 판매의 의미

- 기내 판매는 국제선 항공편에서 제공되는 기내 서비스의 일환으로 승객의 편의를 위해 술, 향수, 화장품 등 세계 유명 브랜드의 상품을 면세 가격으로 승객들이 구입할 수 있도록 판매하는 업무이다.
- 기내 판매는 항공기라는 특수한 환경에서 면세품을 판매해야 하기 때문에 시간적, 공간적 제약을 받을 뿐 아니라 도착지 국가의 면세법의 특성을 고려해야 한다.

| 출처: 대한항공 홈페이지

(2) 기내 판매의 업무

❶ 출발 전

- 기내 판매 담당 승무원은 판매 대금 수납 창구에서 잔돈, 판매 대금 가방(Sales Money Bag) 등을 수령한다.

- 객실 브리핑 또는 승무원 교대 시 사전 예약 주문 관련 정보 및 노선별 기내 판매 관련 사항을 공유한다.

- 객실 브리핑에서 카트별 면세품 판매 담당 승무원과 기내 판매품 보충 업무를 수행할 승무원이 지정된다.

- 기내 판매 담당 승무원은 항공기에 가장 먼저 탑승 후, 기내 판매 담당 지상조업사와 함께 면세품 탑재 리스트에 의거해 기내 면세품 탑재 종류와 수량을 정확히 확인한다.

- 보석, 고가 주류 등의 고가품은 Item-to-Item 방식으로 인수인계하며, 그 외 면세품은 면세품 카트와 캐리어 박스에 채워진 레드실(Red Seal) 번호를 확인하는 Seal-to-Seal 방식으로 인수인계한다.

- POS* 탑재 및 작동 여부와 카드 영수증, 승무원용 조견표, 쇼핑백 등 기내 판매 보조용품 탑재를 확인한다.

> * POS: 판매 기록 전산 장비로 상품의 종류, 가격 등을 기호로 표시해 두고, 리더(Reader) 등으로 그것을 읽어 판매 정보를 집계하는 것. 본체, 스캐너, 배터리, 거치대 등으로 구성되어 있음.

- 기내 판매 담당 승무원은 판매 기록 전산 장비에 입력된 당일 기내 적용 환율을 승무원들에게 공지하여 기내 판매 시 참고하도록 한다.

❷ 비행 중

- 기내 판매 서비스는 항공사 및 노선별 서비스 순서에 맞게 실시하며 대부분 첫 번째 기내식 서비스 후에 실시한다.

- 기내 판매를 시작하기 전 안내 방송을 실시한다.

- 기내 판매 서비스 시 휴식을 취하는 다른 승객에게 방해가 되지 않게 하며 서비스 담당 승무원은 객실 내 승객 서비스에 공백이 생기지 않도록 한다.

- 기내 판매 중인 구역의 조명은 미디엄(Medium)으로 하고 판매가 종료되면 딤(Dim)으로 조절한다. 단, 야간 비행일 경우 조명이 딤인 상태에서 기내 판매 서비스를 실시한다.

- 면세품 카트에 다양한 면세품들을 세팅하여 객실을 순회하며 면세품 구입을 원하는 승객에게 기내 면세품을 판매한다.

- 미성년자에게는 주류와 담배 반입이 금지되거나 과세되므로 판매하지 않는다. 미성년자로 보일 경우, 양해를 구하고 여권이나 신분증을 확인한다.

- 면세품 판매를 담당하는 승무원은 판매 시 국가별 입국 면세품 한도를 숙지하고 승객의 목적지 국가 면세 허용량을 안내하며 주문을 접수한다.

- 승객의 테이블을 편 후, 승객이 주문한 면세품과 개수를 복창하며 테이블에 올려놓는다.

- 면세품 가격은 수시로 환율에 따라 변동될 수 있으므로 최근 공지 사항 및 당일 기내 적용 환율을 참고한다.

- 기내 면세품 판매 시 POS 장비를 이용하여 계산, 자동 입출, 재고 관리 및 판매 관리가 자동으로 되도록 한다.

- 주류, 향수와 같은 액체류 판매 시 항공기 도착 후 환승 승객은 국가별 액체류 휴대 수하물 규정을 유의해야 한다. 예를 들어 승객이 한국, 미국, 캐나다, 유럽연합 등의 국가에 도착한 후 환승하는 경우에는 액체류 면세품 훼손 탐지 가능 봉투(STEB) 안에 구매 영수증을 붙이고 액체류 면세품을 넣어 밀봉하여 제공한다. 훼손 시 환승편 항공기에 반입할 수 없으므로 봉투를 개봉하거나 훼손되지 않도록 안내한다.

| 액체류 면세품 훼손 탐지 봉투
(Security Tamper Evident Bag)

- 면세품 판매 후 계산이 완료되면 면세품을 쇼핑백에 담아서 승객에게 전달한다.
- 대부분의 항공사에서 Approaching Signal이 나오면 착륙 준비를 위해 기내 판매 서비스를 종료한다.
- 기내 판매를 종료한 후에는 면세품을 원래의 탑재 위치에 정리하고 재고 물량을 확인해야 한다.

- 재고 작업, 대금 정산 후 기내 면세품 인수인계서를 산출한다.

기내 판매 결제 수단

💰 현금

- 현금은 위조지폐 여부를 확인하고 수령한다.
- 현금은 한국 원(KRW), 미국 달러(USD), 일본 엔(JPY), 유럽 유로(EUR), 중국 위안(CNY)으로만 결제가 가능하다.

| 한국 원(KRW)

| 미국 달러(USD)

| 일본 엔(JPY)

| 유럽 유로(EUR)

| 중국 위안(CNY)

카드

- 기내에서 수령이 가능한 카드인지 카드의 종류와 유효 기간을 확인한다.
- 카드는 한국 원과 미국 달러로만 수령이 가능하며 카드 1개당 USD 1,500(또는 이에 상응하는 원화 금액) 한도 내에서 결제할 수 있다.
- 국내 발행 카드로 5만 원 이상 구매 시 할부가 가능하다.
- 국내 전용 카드는 원화로만 결제할 수 있다.
- 기내에서는 비자일렉트론, 직불카드, 체크카드, 타인 명의 카드는 사용할 수 없다.
- 신용카드 매출 전표의 사인이 신용카드의 사인과 동일한지 확인한다.

| 체크카드   출처 : visakorea.com

❸ 비행 후

- 모기지에 도착 후 모든 승객이 하기한 후, 기내 판매 담당 승무원은 기내 판매 담당 지상조업사에게 기내 면세품 인수인계서와 함께 레드실로 잠긴 면세품 카트 및 캐리어 박스를 인계한다.
- 비행 종료 후, 판매 대금 수납 창구에 판매 대금, 판매 대금 가방과 기내에서 접수한 귀국편 예약 주문서 등을 반납한다.

 귀국편 사전 주문 제도

- 승객의 예약 주문서를 접수하면 다음과 같은 내용을 확인한다.
  - 주문서를 작성한 항공편 현지 도착 시점으로부터 72시간 이후 출발 항공편이어야 함
    (단, 한일/한중 노선은 48시간 이후 출발편)
  - 코드쉐어 항공편이 아니어야 함
- 위의 내용에 해당이 되면 담당 승무원 기재란에 편명, 접수 일자, 성명을 기재한다.
- 복사본 1부는 승객이 보관하도록 안내하고 원본 1부는 항공기 도착 후 기내 판매 담당 승무원이 판매 대금 수납 창구에 제출한다.

4 착륙 전 비행 업무

기장의 착륙 준비 안내 방송이 나오면 객실승무원은 착륙 준비를 위해 객실 내 안전 점검을 실시한다.

1 기장의 착륙 준비 안내 방송 후 업무

항공기 강하 시점(TOD)에 도달하면 기장은 착륙 준비 안내 방송을 한다.

"Cabin Crew, Prepare For Landing."

객실승무원은 기장의 방송이 나오면 담당하는 업무에 따라 다음과 같은 절차를 수행 한다.

(1) 서비스 담당(Aisle Duty) 승무원

❶ 방송 담당 승무원은 공항 접근 방송을 한다.

❷ 사용하지 않은 헤드폰, 유아용 요람 등 의 서비스 아이템을 회수한다.

❸ 승객의 짐을 이륙 시 보관했던 장소에 보관하도록 안내하며 오버헤드빈의 잠 금 상태를 확인한다.

❹ 승객의 좌석 등받이, 테이블, 발 받침대를 원위치로 하도록 안내한다.

❺ 승객 좌석 주변을 정리하면서 승객이 사용했던 베개나 담요도 깔끔하게 정리한다.

❻ 화장실 내 모든 유동 물질의 고정 상태를 확인한다.

❼ 담당 구역 내 특수 고객이 있으면 착륙 준비를 돕고, 하기 시 지상 직원에게 안내할 것을 알리며 감사의 마음을 담아 작별 인사를 한다.

(2) 갤리 담당(Galley Duty) 승무원

❶ 갤리 내 카트, 서비스 아이템, 쓰레기통 등의 보관 상태를 점검하여 정위치하고, 갤리 내 유동 물질의 고정 상태를 확인한다.

❷ 미국, 영국 입국 시에는 해당 국가의 세관 규정에 의해 '주류 재고 확인서'를 작성한다.

❸ 주류가 들어 있는 카트와 캐리어 박스는 모두 레드실*로 Sealing한다.

❹ 인수인계할 서비스 용품이 보관된 카트와 캐리어 박스는 블루실*로 Sealing 한다.

> * 레드실(Red Seal): 기내 면세품이나 주류를 카트나 캐리어 박스에 보관 시 잠금 또는 도난 방지의 목적으로 Sealing할 때 사용
> * 블루실(Blue Seal): 기내 용품을 카트나 캐리어 박스에 보관 시 잠금 또는 도난 방지의 목적으로 Sealing할 때 사용

주류 재고 확인서(Liquor Inventory List)

- 기내에서 제공되는 주류는 모두 면세품으로 보세 구역 밖으로 반출되는 것을 막기 위해 해당 국가 세관 당국에서 요청하는 서류이다.
- 주류 재고 확인서에 남은 주류의 수량을 기재하고 주류 카트를 잠그는 레드실의 번호도 함께 기재한다.
- 해당 국가의 세관 직원이 실제 잠겨 있는 레드실 번호와 기재된 레드실 번호를 대조하여 확인하므로 정확성을 기해야 한다.

(3) 기내 판매 담당(Sales Duty) 승무원

❶ 단거리 노선에서는 방송 담당 승무원이 '기내 면세품 판매 종료' 방송을 하고 면세품 판매를 종료한다.

❷ 기내 판매 담당 승무원은 면세품 판매를 최종 마감한다.

❸ 기내 면세품 판매 전용 마스터 포스(Master POS)에 다른 포스를 연결하여 종합하여 재고 정리 및 재고 파악(Inventory), 판매 금액을 확인한다. 면세품 카트와 캐리어 박스를 잠그는 레드실 번호를 입력한다.

❹ 최종적으로 제출용 '기내 면세품 인수인계서'를 출력하여 객실사무장에게 보고한다.

② 착륙 신호(Landing Signal) 후 업무

(1) 서비스 담당(Aisle Duty) 승무원

❶ 방송 담당 승무원이 착륙 방송(Landing Announcement)을 실시한다.

❷ 담당 구역별 모든 승객에게 착석한 상태에서 승객이 좌석벨트를 착용하도록 안내하고 좌석벨트 착용 여부를 점검한다.

❸ 개인용 모니터를 원위치한다.

❹ 지정된 승무원용 좌석으로 이동하면서 오버헤드빈의 잠금 상태를 확인하고 승객 좌석 주변의 안전 점검을 실시한다.

❺ 화장실 내 승객이 있는지 확인하고, 승객이 있는 경우 안전한 착륙 준비를 위해 신속한 착석을 안내한다.

❻ 지정된 승무원용 좌석에 착석하고 좌석벨트와 숄더 하네스를 착용한 후 30 Second Review를 실시한다.

(2) 갤리 담당(Galley Duty) 승무원

❶ 갤리 내 모든 유동 물질을 제자리에 고정하며,
컴파트먼트와 카트 도어의 잠금 상태를 확인하
고 걸쇠(Latch)를 건다.

❷ 커피메이커 포트내 커피를 버리고, 모든 전자
장비의 전원을 끄고 잠금 상태를 점검한다.

❸ 갤리의 커튼을 열어서 고정시킨다.

❹ 객실 조명을 딤(Dim) 상태로 조절한다.

❺ 지정된 승무원용 좌석에 착석하고 좌석벨트와
숄더 하네스를 착용한 후 30 Second Review를
실시한다.

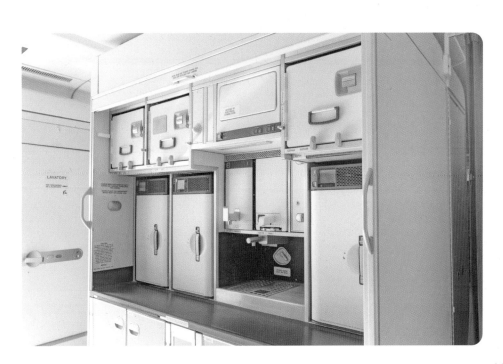

착륙 전 비행 업무 실습하기

기장의 착륙 준비 안내 방송(Prepare for Landing 방송)

1. Approaching 방송 실시

2. 서비스 아이템 회수(미사용 헤드폰, 유아용 요람 등)

3. 승객 휴대 수하물 보관 상태 확인

4. 승객의 좌석 등받이, 테이블, 발 받침대 원위치 확인

5. 승객 좌석 주변 정리

6. 화장실, 갤리 내 모든 유동 물질 고정 상태 확인

7. 특수 고객(UM, WCHR 등) 하기 안내

착륙 신호(Landing Signal)

8. Landing 방송 실시

9. 착륙 안전 활동 점검(객실, 갤리, 화장실)

10. 객실 조명 조절(Dim)

11. 점프 시트 착석

5 착륙 후 비행 업무

1 항공기 착륙 후 업무

(1) Farewell 방송

항공기가 착륙하고 엔진을 역회전한 후 소음이 조용해지면 방송 담당 승무원은 Farewell 방송을 실시한다. 방송이 끝나면 객실사무장은 보딩 뮤직을 켠다.

(2) 항공기 지상 이동 중 승객 착석 상태 유지

객실승무원은 항공기가 터미널 게이트로 이동하여 좌석벨트 표시등(Fasten Seatbelt Sign)이 꺼질 때까지 승객이 좌석에 착석하도록 안내한다. 이는 갑작스러운 항공기의 정지나 비정상적인 상황으로 인해 승객의 부상을 예방하기 위함이다.

2 항공기 Door Open 및 승객 하기

(1) Door Mode 변경

항공기가 정지한 후, 객실사무장은 Fasten Seatbelt Sign Off 및 탑승교(Boarding Bridge) 또는 스텝카(Step Car)가 다가오는 것을 확인하고 All Attendant Call로 Door Mode 변경을 지시한다.

❶ Door Mode 변경 방법

객실사무장의 All Attendant Call이 울리면 모든 승무원은 즉시 담당 Door Side에서 All Attendant Call에 응답하여 객실사무장의 지시에 따라 Door Mode를 변경한다.

객실승무원은 담당 Door의 Door Mode 선택 레버를 팽창위치에서 정상위치로 변경한다.

| 팽창위치(Automatic)　　　　　　　　　　　| 정상위치(Manual)

L Side와 R Side 객실승무원은 엄지손가락을 위로 세워 각자의 Door Mode 선택 레버를 가리키면서 상호 확인(Cross Check)한다.

❷ Door Mode 변경 후 보고 방법

객실사무장의 All Attendant Call이 울리면 객실 최후방 L Side 객실승무원부터 차례로 Door Mode 변경을 보고한다. 이때 R Side 객실승무원은 All Attendant Call에 응답하지 않고 L Side 객실승무원의 보고 절차가 완료될 때까지 담당 Door 앞에서 대기한다.

Door Mode 변경 보고 시점에 Door Mode 변경을 하지 못하거나 이상이 있는 경우, 이상 상황을 보고한다.

Boeing 737 항공기의 도착 시 Door Mode 변경 방법

① 바닥의 Bracket에 고정되어 있는 Girt Bar를 Slide Bustle에 장착시킨다.
② Red Warning Flag를 Viewing Window 상단과 수평으로 놓는다.

| 팽창위치(Automatic) | 정상위치(Manual)

(2) 객실 조명 조절

Attendant Panel 근처의 선임 승무원은 객실 조명을 Full Bright로 조절한다.

(3) 항공기 Door Open

항공기 Door는 탑승교 또는 스텝카가 항공기에 완전히 접속한 후 Open한다.

Boeing 737 항공기를 제외한 대부분의 항공기는 객실사무장이 항공기 내부에서 직접 Door를 오픈하지 않고 항공기 외부에서 지상 직원이 오픈하도록 되어 있다.

• 객실사무장은 Door 외부에서 지상 직원이 Viewing Window를 두드리면 다음과 같은 사항을 확인한다.
  - Fasten Seatbelt Sign Off
  - 외부 상황 정상
  - Door Mode 정상

| Open | Not Ready

- 항공기 Door Open 준비 여부를 Viewing Window를 통해 지상 직원에게 수신호를 보낸다.
- 지상 직원은 객실사무장의 수신호를 확인하고 외부에서 항공기 Door를 연다.

 Boeing 737 항공기 Door를 오픈하는 절차

Boeing 737 항공기의 경우에는 객실승무원이 항공기 내부에서 직접 Door를 오픈한다.

이때 Slide의 오작동을 방지하기 위해 Door를 오픈하는 객실승무원과 Door를 관찰하는 객실승무원이 2인 1조로 점검 사항을 상호 확인한 후 Door를 오픈해야 한다.

Door를 오픈하는 객실승무원은 아래 사항을 관찰하는 객실승무원이 들을 수 있도록 손가락으로 가리키면서 구두로 확인한 후 오픈한다.

① "Fasten Seatbelt Sign Off"
② "외부 상황 정상"
③ "Door Mode 정상"
④ "Door Open"

(4) Ship Pouch 인계 및 특수 고객 정보 전달

- 객실사무장은 지상 직원에게 Ship Pouch를 인계한다.
- 해당 편에 특수 고객이 있는 경우 지상 직원에게 고객의 정보를 전달한다.
- CIQ 관계 직원에게 입항 서류를 제출하고, 세관 또는 검역 관련 하기 허가가 필요한지 확인한다.

(5) 승객 하기

- 공항 당국의 하기 허가를 득한 후, 객실사무장은 '승객 하기 안내' 방송을 실시한다.
- 객실승무원은 승객 하기 순서에 맞게 승객의 하기를 돕는다. 하기 순서는 다음과 같다.
- 승객 하기가 완료되면 객실사무장은 보딩 뮤직을 끈다.

승객 하기 순서

① 응급 환자
② VIP, CIP
③ First Class 승객
④ Business Class 승객
⑤ UM
⑥ Economy Class 승객
⑦ 운송 제한 승객
⑧ Stretcher 승객

❸ 승객 하기 후 업무

(1) 잔류 승객 확인

- 승객 하기 후, 객실승무원은 담당 구역의 객실, 화장실이나 Bunk 등에 잔류 승객이 있는지 확인한다. 잔류 승객이 있으면 최대한 빨리 하기하도록 협조한다.

(2) 유실물 확인 및 기내보안 점검

- 객실승무원은 담당 구역의 좌석 주변, 선반, 화장실, 코트룸 등에 유실물이 있는지 육안으로 확인하면서 보안 점검도 실시한다.
- 유실물이 발견되면 내용물, 개수, 좌석번호나 습득 위치를 메모하고 객실사무장에

게 보고한 후 도착지 지상 직원에게 인계한다. 지상 직원 부재 시에는 Lost & Found 카운터 직원에게 인계한다. 이때 '습득물 인수인계서'를 작성한 후 원본 1부와 함께 유실물을 인계한다.

- 유실물을 지상 직원에게 인계 후 객실사무장에게 보고한다.

(3) 서비스 아이템 회수

- 승객 좌석에 남아 있는 헤드폰은 회수하여 헤드폰 백에 정리한다.
- 화장실 내 세팅한 스킨 및 로션에 뚜껑을 닫아 회수하고 다른 화장실 용품들도 회수하여 Dry Item Carrier Box에 넣고 Blue Seal로 Sealing한다.

(4) 기내 설비 점검

- 비행 중 객실 내 설비에 고장 및 이상이 있는 경우 객실사무장에게 보고한다. 객실사무장은 이를 CDL*에 기록하여 정비사가 조치할 수 있도록 하고 기장에게도 보고한다.

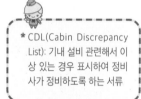

> * CDL(Cabin Discrepancy List): 기내 설비 관련해서 이상 있는 경우 표시하여 정비사가 정비하도록 하는 서류

(5) 승무원 하기

- 갤리 내 컴파트먼트에서 개인 소지품을 챙기고 승무원 가방을 꺼내어 필요 시 램프(Ramp)화로 갈아신는다.
- 담당 도어의 Door Mode가 정상 위치인지 다시 한번 확인한 후 하기한다.

(6) 디브리핑

디브리핑(Debriefing)은 객실사무장 주관하에 전 승무원이 당일 비행편에 대한 업무 보고를 하는 것으로 다음과 같은 내용을 공유한다.

- Zone별 특이 사항(고객 불만, 기내식 이물질, Cleaning Coupon 발급 등)
- 승객 유실물 습득 여부
- 기내 환자 발생 여부 및 처리 내용
- VIP/CIP 승객 서비스 내용

착륙 후 비행 업무 실습하기

1. Farewell 방송 실시

2. 보딩 뮤직(Boarding Music) 켬

3. 항공기 지상 이동 중 승객 착석 상태 유지

4. Door Mode 변경 및 보고

5. 객실 조명 조절(Full Bright)

6. 항공기 Door Open
   ① Fasten Seatbelt Sign Off 확인
   ② 외부 상황 정상 확인
   ③ Door Mode 정상 확인
   ④ 항공기 Door Open

7. Ship Pouch 인계 및 특수 고객 정보 전달

8. 객실사무장의 승객 하기 안내 방송

9. 승객 하기 및 특수 고객 하기 협조

10. Boarding Music OFF

11. 잔류 승객 확인

12. 유실물 확인 및 기내 보안 점검

13. 서비스 아이템 회수(헤드폰, 화장실 용품)

14. 기내 설비 점검

15. 승무원 개인 소지품 정리

16. Door Mode 재확인

17. 승무원 하기 및 디브리핑

항공 객실 서비스 실무

Chapter

5

국가별
출입국에 대한
이해

각국의 공항 출입국 절차는 승객과 수하물의 출입국 적법성 여부에 대한 해당 국가 정부 기관의 심사와 규제를 따라야 한다. 그러므로 객실승무원은 매 비행 시 도착지 국가의 출입국 규정을 정확히 숙지하여 승객에게 안내하고 승객의 상황에 맞게 입국에 필요한 출입국 관련 서류를 배포할 수 있어야 한다.

1 여권

- 여권(Passport)은 외국을 여행하는 국민에게 정부가 발급하는 증명 서류로, 국외에서 자신의 신분을 증명해 주는 증명서이다.
- 여권에 기재되는 사항은 여권의 종류, 여권 발행국, 여권 번호, 발급일과 기간 만료일, 발급 관청, 여권 명의인의 성명, 국적, 성별, 생년월일과 사진 등이다. 일부 국가에서는 본인 서명이 없는 여권을 유효한 여행 서류로 인정하지 않으므로 여권 서명란에 반드시 자필로 서명을 해야 한다.
- 대부분의 국가는 여행 개시일 기준으로 여권의 유효 기간이 6개월 이상 남아 있어야 여행할 수 있다.
- 여권은 여행 가능 횟수 및 사용자의 소속에 따라 다음과 같은 종류가 있다.

(1) 여행 가능 횟수에 따른 종류

단수 여권 (Single Passport)	유효 기간이 1년으로 1회에 한하여 해외여행이 가능한 여권
복수 여권 (Multiple Passport)	유효 기간 내 횟수 제한 없이 해외여행이 가능한 여권

(2) 사용자의 소속에 따른 종류

일반 여권	• 해외여행에 결격 사유가 없는 일반 국민에게 발급되는 여권 • 여권 유효 기간: 5년 또는 10년
관용 여권	• 국가의 공적인 일로 해외에 출장을 가거나 여행할 때 발급되는 여권
외교관 여권	• 국가를 대표하여 업무를 수반하는 자와 외교관 여권이 필요하다고 인정하는 자에게 발급되는 여권

| 대한민국 여권

② 비자

- 비자(Visa)는 국가가 외국인에 대하여 입국을 허가하는 증명서로 사증(査證) 또는 입국사증(入國査證)이라고도 한다.

✈ 국가별 비자 관련 규정(대한민국 일반 여권 소지자 기준 / 2023. 8월 기준)

지 역		비자 필요	무비자 입국 시 1회 체류 가능 기간				비 고
			30일	45일	90일	6개월	
아시아 지역		중국, 인도네시아, 인도, 캄보디아	필리핀	베트남	일본, 대만, 홍콩, 타이, 싱가포르, 말레이시아		–
미주 지역				괌, 사이판[3]	미국[1]	캐나다[2]	
유럽 지역	셴겐조약 가입국*				네덜란드, 독일, 스위스, 스페인, 이탈리아, 체코, 프랑스, 크로아티아		–
	셴겐조약 미가입국				튀르키예	영국	러시아[4] (1회 60일)
대양주 지역					호주[5], 뉴질랜드[6]		피지 (4개월)
아프리카 중동 지역		이집트			아랍에미리트, 이스라엘		–

비자면제국가 여행 시 주의 사항

1) 미국: 출국 전 전자여행허가(ESTA) 신청 필요
2) 캐나다: 출국 전 전자여행허가(eTA) 신청 필요, 생체 인식 정보 수집
3) 괌, 사이판: 전자여행허가(ESTA) 신청 시 90일 체류 가능
4) 러시아: 1회 최대 연속 체류 60일, 180일 중 누적 90일
5) 호주: 출국 전 전자여행허가(ETA) 신청 필요
6) 뉴질랜드: 출국 전 뉴질랜드 전자 여행증(NZeTA),
    외국인 방문객 환경 보호 및 관광세(IVL) 신청 필요
    * 중국, 러시아와는 항공기 승무원 양해 각서가 체결돼 있음

* 셴겐조약(Schengen Agreement): 유럽연합(EU) 회원국 간에 별도의 비자나 여권 없이 자유롭게 왕래할 수 있도록 맺어진 조약

출처: 외교부 해외안전여행 홈페이지(https://www.0404.go.kr/consulate/visa.jsp)

- 국가 간 이동을 위해서는 일반적으로 비자가 필요하므로 출국 전 방문하고자 하는 국가 입국을 위해 방문 목적에 따른 비자 취득 여부를 확인해야 한다.

- 비자를 받기 위해서는 상대국 대사관이나 영사관을 방문하여 방문 국가가 요청하는 서류 및 비자 수수료를 지불해야 하며 경우에 따라서는 인터뷰를 실시하기도 한다.

- 국가 간 비자면제협정을 체결한 경우 일정 기간 비자 없이 출입국 및 체류가 가능하다.

- 비자를 소지하고 있다 하더라도 출입국 관리 직원의 입국 심사 결과 입국 허가 요건에 부합하지 않은 경우에는 입국이 거부될 수 있다.

③ 항공권

항공권(Airline Ticket)은 항공사가 여객 및 수화물을 운송하기 위하여 발행하는 증표이다. 일부 국가에서는 입국 시, 귀국편 또는 제3국행 항공권을 확인하고 있으므로 분실하지 않도록 유의해야 한다.

④ 출입국신고서

- 출입국신고서(E/D Card: Embarkation and Disembarkation Card)는 특정 국가의 국민이 다른 국가로 입국하거나 출국하고자 할 때 출입국 사실을 신고하기 위해 제출하는 서류를 말한다.

- 1인당 1장을 작성하는 것이 원칙이며 방문 국가의 현지 언어 노는 영문 대문자로 작성한다.

- 성명, 생년월일, 여권 번호, 항공편명/선박명, 출발지/목적지, 체류지 주소, 서명 등을 정확히 기재한다.

- 한국에 입국하는 경우, 내국인과 90일 이상 장기 체류를 위해 외국인 등록을 마친 외국인은 입국신고서를 작성하지 않는다.

자동출입국심사

만 19세 이상 대한민국 국민은 사전 등록 절차 없이 자동출입국심사를 바로 이용 가능하며 만 7세 ~18세 이하는 부모 동반하에 가족관계 서류를 소지하고 사전 등록 후 이용한다.

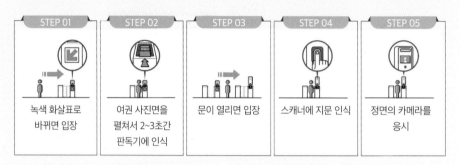

STEP 01	STEP 02	STEP 03	STEP 04	STEP 05
녹색 화살표로 바뀌면 입장	여권 사진면을 펼쳐서 2~3초간 판독기에 인식	문이 열리면 입장	스캐너에 지문 인식	정면의 카메라를 응시

출처: 인천국제공항 홈페이지(https://www.airport.kr/ap_lp/ko/arr/process/autimm/autimm.do)

⑤ 세관신고서

- 세관신고서(Customs Declaration)는 공항, 항구, 국경 지대를 통해 여행자가 소지하거나 반입하는 물품 및 수출입 화물에 대한 내역을 신고하는 서류이다.
- 국가별 관세법 규정에 따라 작성하여 해당 국가 입국 시 세관 담당자에게 제출한다.

⑥ 검역신고서

- 검역(Quarantine)이란 해외에서 전염병이나 해충이 유입되는 것을 예방하기 위해 공항이나 항구 등에서 검사하는 것을 말한다.
- 항공기, 선박, 자동차, 화물 등을 검진하고 소독하며 승객들에게 예방 주사를 접종하게 하거나 질병이 있는 사람을 격리하는 업무, 동물이나 식물의 반입 절차를 통해 병의 유무를 검사하여 폐기하거나 통과시키는 등의 업무를 의미한다.
- 해외 입국 시 반드시 국가별 검역 규정에 따른 신고 서류를 작성하여 제출하거나 신고 절차를 완료해야 한다.

여행자 휴대품 신고서

관세청
KOREA CUSTOMS
SERVICE

- 모든 입국자는 신고서를 작성·제출하여야 합니다.
- 동일한 세대의 가족은 1명이 대표로 신고할 수 있습니다.
- 성명과 생년월일은 여권과 동일하게 기재하여야 합니다.

성 명	
생년월일	년 월 일
여권번호	
여행기간	일 출발국가
동반가족 본인 외	명 항공편명
전화번호	
국내 주소	

세관 신고사항

해당 사항에 "∨" 표시

1 **휴대품 면세범위**(뒷면 참조)를 초과하는 **"품목"**
- 물품 상세 내역은 뒷면에 기재
⇒ 자진신고 시 관세의 30%(15만원 한도) 감면

2 **원산지가 FTA 협정국가인 물품으로서** 협정관세를 적용받으려는 물품

3 미화로 환산해서 총합계가 1만 달러를 초과하는 화폐 등(현금, 수표, 유가증권 등 모두 합산)
[총 금액 :]

4 **우리나라로 반입이 금지되거나 제한되는 물품**
ㄱ. 총포류, 실탄, 도검류, 마약류, 방사능물질 등
ㄴ. 위조지폐, 가짜 상품 등
ㄷ. 음란물, 북한 찬양 물품, 도청 장비 등
ㄹ. 멸종위기 동식물(웅담, 사향, 악어가죽 등)

5 **동·식물 등 검역을 받아야 하는 물품**
ㄱ. 동물(고기포함 수생 동물 포함)
ㄴ. 축산물 및 축산가공품(육포, 햄, 소시지, 치즈 등)
ㄷ. 식물, 과일류, 채소류, 견과류, 종자, 흙 등
- 가축전염병 발생국의 축산농가 방문자는 농림축산검역본부에 신고하시기 바랍니다.

6 **세관의 확인을 받아야 하는 물품**
ㄱ. 판매용 물품, 회사에서 사용하는 견본품 등
ㄴ. 다른 사람의 부탁으로 반입한 물품
ㄷ. 세관에 보관 후 출국할 때 가지고 갈 물품
ㄹ. 한국에서 잠시 사용 후 다시 외국으로 가지고 갈 물품
ㅁ. 출국할 때 "일시수출(반출)신고"를 한 물품 등

본인은 이 신고서를 사실대로 성실하게 작성하였습니다.

년 월 일

신고인: (서명)

< 뒷면에 계속 >

1인당 "품목"별 (술/담배/향수/일반물품) 면세범위

해외 또는 국내 면세점에서 구매하거나, 기증 또는 선물받은 물품 등으로서

술 2병 합산 2ℓ 이하로서 총 US $400 이하
담배 궐련형: 200개비(10갑), 시 가: 50개비, 액 상: 20㎖(니코틴 함량 1% 이상/만 19세 미만 반입 제한)
▶ 한 종류만 선택 가능

향수 60㎖

미화 800달러 이하
일반 물품 다만, 농림축수산물 및 한약재는 검역에 합격한 것으로서 총 40kg, 총 금액 10만원 이내 (품목별로 수량·중량 제한)

- 만 19세 미만인 사람에게는 주류 및 담배를 면세하지 않습니다.

면세범위 초과 "품목"의 상세내역

- 예 시: 술 3병, 담배 10갑, 향수 30㎖, 시계 1,000달러 반입 시
작성대상은 술 3병, 시계 1,000달러(담배, 향수는 면세범위 이내로 작성 생략)

품 목	물품명	수량(또는 중량)	금액
술			
담배			
향수			
일반 물품			

※ 세관 신고사항을 신고하지 않거나 허위신고한 경우 가산세 (납부세액의 40% 또는 60%)가 추가 부과되거나, 5년 이하의 징역 또는 벌금(해당 물품은 몰수) 등의 불이익을 받게 됩니다.

95mm×245mm(백상지 100g/㎡)

■ 검역법 시행규칙 [별지 제9호서식]

건강상태 질문서

(앞쪽)

성명		성별	[ ]남 [ ]여
국적		생년월일	
여권번호		도착 연월일	
항공기 편명		좌석번호	

한국 내 주소 (※ 세부주소까지 상세히 기재하여 주시기 바랍니다)

휴대전화 (또는 한국 내 연락처)

최근 21일 동안 방문한 국가명을 적어 주십시오.

1) 2) 3) 4)

최근 21일 동안에 아래 증상이 있었거나 현재 있는 경우 해당란에 "√" 표시를 해 주십시오.

[ ] 발열	[ ] 오한	[ ] 두통	[ ] 인후통	[ ] 콧물
[ ] 기침	[ ] 호흡곤란	[ ] 구토	[ ] 복통 또는 설사	[ ] 발진
[ ] 황달	[ ] 의식저하	[ ] 점막 지속 출혈 ※ 눈, 코, 입 등	[ ] 그 밖의 증상 ( )	

위의 증상 중 해당하는 증상이 있는 경우에는 아래 항목 중 해당란에 "√" 표시를 해 주십시오.

| [ ] 증상 관련 약 복용 | [ ] 현지 병원 방문 | [ ] 동물 접촉 |

해당 증상이 없는 경우에는 "증상 없음"란에 "√" 표시를 해 주십시오. [ ] 증상 없음

건강상태 질문서 작성을 기피하거나 거짓으로 작성하여 제출하는 경우 「검역법」제12조 및 제39조에 따라 1년 이하의 징역 또는 1천만원 이하의 벌금에 처해질 수 있습니다.
작성인은 위 건강상태 질문서를 사실대로 작성하였음을 확인합니다.

작성일 년 월 일
작성인 (서명 또는 인)

국립검역소장 귀하

148mm×210mm[황색지(80g/㎡)]

| 대한민국 세관신고서 & 검역신고서(한국어 양식)

2 국가별 출입국 규정

   국가별 출입국 규정은 해당 국가의 사정에 따라 사전 고지 없이 변경될 수 있으므로 비행 전 반드시 확인한다. 가장 정확한 정보는 해당 국가 공관 또는 홈페이지를 통해 확인할 수 있다.

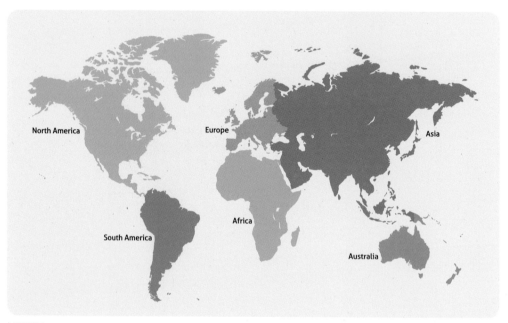

| 세계지도

① 미주 지역

(1) 미국

   미국에 관광 또는 상용의 목적으로 방문할 경우, 전자여행허가(ESTA)를 승인 받아 체류할 수 있다. 그 외의 경우에는 방문 목적에 맞는 비자를 발급 받아야 한다.

ESTA(Electronic System of Travel Authorization): 전자 여행 허가

출처: ESTA공식 홈페이지

- 미국 비자면제프로그램(VWP: Visa Waiver Program) 가입국 국민 중 전자여권 소지자는 ESTA 웹사이트에서 사전 등록 절차를 거쳐 ESTA를 발급받아 비자 없이 미국을 방문할 수 있음

🔖 VWP 입국 조건
① ESTA(전자여행허가)가 승인된 승객
② 90일 이하, 관광 또는 상용의 목적으로 방문 시에만 가능
   (이 외의 목적인 경우에는 비자 소지 필수)

🔖 대상 국가(총 38개국)
그리스, 네델란드, 노르웨이, 뉴질랜드, 대만, 대한민국, 덴마크, 독일, 라트비아, 룩셈부르크, 리투아니아, 리히텐슈타인, 모나코, 몰타, 벨기에, 브루나이, 산마리노, 스웨덴, 스위스, 스페인, 슬로바키아, 슬로베니아, 싱가포르, 아이슬란드, 아일랜드, 안도라, 에스토니아, 영국, 오스트리아, 이탈리아, 일본, 체코, 칠레, 포르투갈, 프랑스, 핀란드, 헝가리, 호주

- 유효 기간은 승인일로부터 2년이며 유효 기간 내 복수 방문 가능함

여권 잔여 유효 기간	• 체류 기간(6개월 이상 권장)
비자 필요 여부	• 무비자 체류 가능 • ESTA 승인 시 1회 최대 90일
입국 시 유의 사항	• 입국신고서 및 세관신고서 작성하지 않음
통과여객(TWOV) 조건	• ESTA 또는 비자 필요
비 고	• 입국 서류, 세관신고서 작성하지 않음

(2) 괌 & 사이판

 괌-북마리아나 제도 전용 비자면제프로그램(Guam-CNMI VWP)

* CNMI(Commonwealth of the Northern Mariana Island): 북마리아나 제도

- Guam-CNMI VWP 가입국 국민은 비자 없이 괌 및 북마리아나 제도(사이판)를 방문해 최대 45일까지 체류할 수 있으며 이때 I-736(괌-북마리아나 제도 연방 비자 면제 정보) 양식을 작성해야 함

Guam-CNMI VWP 입국 조건
- 전자여권 소지자
- I-736 작성
- 45일 이하, 관광 및 상용의 목적으로 방문 시에만 가능

| I-736(괌-북마리아나 제도 비자 면제 정보) 양식

여권 잔여 유효 기간	• 체류 예정 기간
비자 필요 여부	• 무비자 체류 가능 • 1회 최대 45일
입국 시 유의 사항	• 미국 비자로 입국하는 승객 - 괌 전자 세관신고서 • ESTA(전자 여행 허가)로 입국하는 승객 - 괌 전자 세관신고서 • 무비자 또는 ESTA 없이 입국하는 승객 - I-736, 괌 전자 세관신고서 • 입국 72시간 이내 괌 전자 세관신고서 작성
통과여객(TWOV) 조건	–
비 고	• 유효한 ESTA 소지한 경우에는 90일 체류 가능

출처: 괌 전자 세관신고서 웹사이트

(3) 캐나다

 eTA(Electronic Travel Authorization: 전자 여행 허가)

- 캐나다 비자면제국가 국민 중 전자 여권 소지자는 eTA 웹사이트에서 사전 입국을 신청하여 캐나다 입국 승인을 받을 수 있음
- 유효 기간은 eTA 발급일로부터 최장 5년 또는 여권 만기일 중 짧은 시한까지 유효함
  (1회 입국 시 6개월 체류 가능)

출처: eTA공식 홈페이지

여권 잔여 유효 기간	• 체류 기간 + 1일(6개월 이상 권장)
비자 필요 여부	• 무비자 체류 가능 • eTA 승인 시 1회 최대 6개월
입국 시 유의 사항	• 모든 승객과 승무원은 PIK(Primary Inspection Kiosks)에서 입국 및 세관 정보를 입력 후 입국 심사대에 확인증 제출함 – 출발 전 Arrive CAN 어플리케이션을 통해 사전 등록한 경우, 신속한 입국 심사 가능 • 입국신고서 및 세관신고서 작성하지 않음
통과여객(TWOV) 조건	• eTA 또는 비자 필요

② 아시아 지역

(1) 일본

여권 잔여 유효 기간	• 체류 예정 기간 이상
비자 필요 여부	• 무비자 체류 가능 • 1회 최대 90일
입국 시 유의 사항	• 출발 전 Visit Japan Web으로 입국심사 및 세관신고 QR코드 발급받음 – QR코드 미 준비 시 일본 공항 도착 후 외국인용 입국신고서 및 세관신고서 수기 작성
통과여객(TWOV) 조건	• 비자면제국가 국민에 대한 별도 조건 없음

(2) 중국

여권 잔여 유효 기간	• 체류 예정 기간 이상
비자 필요 여부	• 비자 필요 • 단, 하이난은 무비자 정책 시행으로 무비자 입국 가능(체류 기간 최장 30일)
입국 시 유의 사항	• 중국 국적 및 유효한 입국 서류를 소지한 홍콩, 마카오, 대만, 화교를 제외한 모든 승객은 입국신고서 작성- 그룹 비자 소지 승객은 작성할 필요 없음 • 세관신고서는 신고할 물품이 있는 경우 작성 • 검역설문서는 모든 승객이 작성
통과여객(TWOV) 조건	• 통과 여객 체류 시간에 따라 조건이 상이함
비 고	• 일반 여권 소지자가 가족 사망, 설비 수리, 긴급 상황 등 긴급한 상황에서만 특정 도시에 한해 도착 비자 발급 가능

(3) 대만

여권 잔여 유효 기간	• 6개월 이상
비자 필요 여부	• 무비자 체류 가능 • 1회 최대 90일
입국 시 유의 사항	• 대만 국적 및 거류증 소지자를 제외한 모든 승객은 입국신고서 작성 • 세관신고서와 검역신고서는 신고할 물품이 있는 승객만 작성
통과여객(TWOV) 조건	• 비자면제국가 국민에 대한 별도 조건 없음
비 고	• 입국 시 자동출입국심사대(eGate) 이용 – 대만 자동출입국심사대 이용 등록은 대만 내 국제공항(타오위앤, 쑹산, 타이중, 가오슝) 출입국장에서 신청할 수 있으며 입국신고서는 대만 방문 시마다 대만 이민서 홈페이지에서 미리 작성하면 됨

(4) 홍콩

여권 잔여 유효 기간	• 1개월 + 체류 기간
비자 필요 여부	• 무비자 체류 가능 • 1회 최대 90일
입국 시 유의 사항	• 홍콩 국적 및 ID 카드 소지자를 제외한 모든 승객은 입국신고서 작성 • 세관신고서는 신고할 물품이 있는 경우 현지 세관 카운터에서 작성
통과여객(TWOV) 조건	• 제3국행 항공권 소지

(5) 베트남

여권 잔여 유효 기간	• 6개월 이상(훼손, 잔여 유효 기간이 6개월 이하인 경우 입국 거부)
비자 필요 여부	• 무비자 체류 가능 • 1회 최대 45일 • e비자 발급 시 90일 체류 가능
입국 시 유의 사항	• 입국신고서 작성하지 않음 • 세관신고서는 신고할 물품이 있는 경우 작성
통과여객(TWOV) 조건	• 환승 구역 내 체류

(6) 필리핀

여권 잔여 유효 기간	• 1개월 이상(입국 시 입국 스템프에 도착 비자 종류와 체류 가능 기간 기재)
비자 필요 여부	• 무비자 체류 가능 • 1회 최대 30일
입국 시 유의 사항	• 모든 승객은 출발 선 e-Travel에서 입국 정보를 입력 후 입국심사대에 QR 코드를 제시함 • 세관신고서는 모든 승객이 작성
통과여객(TWOV) 조건	• 환승 구역 내 체류
비 고	• 모든 승객은 귀국행 항공권을 소지해야 함

(7) 태국

여권 잔여 유효 기간	• 6개월 이상(여권이 일부라도 훼손된 경우 입국 거부될 수 있음)
비자 필요 여부	• 무비자 체류 가능 • 1회 최대 90일
입국 시 유의 사항	• 입국신고서 작성하지 않음 • 세관신고서는 신고할 물품이 있는 경우 구두 신고함
통과여객(TWOV) 조건	• 비자면제국가 국민에 대한 별도 조건 없음

(8) 싱가포르

여권 잔여 유효 기간	• 6개월 이상
비자 필요 여부	• 무비자 체류 가능 • 1회 최대 90일
입국 시 유의 사항	• 모든 승객은 출발 전 SG ARRIVAL CARD 또는 MyICA 모바일 애플리케이션을 통해 전자 입국카드 작성 • 세관신고서 작성하지 않음
통과여객(TWOV) 조건	• 비자면제국가 국민에 대한 별도 조건 없음

(9) 말레이시아

여권 잔여 유효 기간	• 6개월 이상(여권 페이지가 부족하거나 훼손 시 입국 거부)
비자 필요 여부	• 무비자 체류 가능 • 1회 최대 90일
입국 시 유의 사항	• 입국신고서 및 세관신고서 작성하지 않음
통과여객(TWOV) 조건	• 비자면제국가 국민에 대한 별도 조건 없음
비 고	• 귀국행 항공권 또는 호텔 예약증 소지

(10) 인도네시아

여권 잔여 유효 기간	• 6개월 이상
비자 필요 여부	• 도착 비자 또는 e-VOA(전자 도착 비자) 발급 필요 • 1회 최대 30일(1회에 한해 연장 가능) 체류 가능
입국 시 유의 사항	• 입국신고서 작성하지 않음 • 모든 승객은 출발 전 전자세관신고서(ECD) 입력함
통과여객(TWOV) 조건	• 비자면제국가 국민에 대한 별도 조건 없음

(11) 캄보디아

여권 잔여 유효 기간	• 체류 기간을 포함하여 6개월 이상 여권 유효 기간 필요
비자 필요 여부	• 비자 필요 – 도착 비자 또는 eVisa(전자 도착 비자) 발급 – 1회 최대 30일 체류 가능
입국 시 유의 사항	• 모든 승객은 출입국신고서 및 세관신고서 작성
통과여객(TWOV) 조건	• 항공사 승무원의 경우만 통과 비자(D)를 받고 시내 체류 가능

(12) 인도

여권 잔여 유효 기간	• 6개월 이상
비자 필요 여부	• 비자 필요 – 도착 비자 또는 eTourist Visa(온라인 관광 비자) 발급 – 1회 최대 60일 체류 가능
입국 시 유의 사항	• 인도 국적을 제외한 모든 승객은 입국신고서 작성 • 세관신고서는 신고할 물품이 있는 경우 세관신고대 양식을 이용해 작성 – 모바일 신고앱으로 사전 작성 및 신고 가능
통과여객(TWOV) 조건	• 항공사에 무비자 환승 가능 여부 확인
비 고	• 출입국 심사 시 입국심사 및 출국심사 도장 날인 여부 반드시 확인

③ 유럽 지역

🌐 **솅겐조약**

솅겐조약(Schengen Agreement)은 유럽 내 조약 가입국 간 무비자 통행을 규정한 국경 개방 조약이다.

솅겐 가입국을 여행하는 외국인은 관광, 통과, 단기 방문 목적으로 방문 시, 비자를 소지하지 않고도 방문국 수나 출입국 횟수의 제한 없이 최초 입국일을 시작으로 180일의 기간 중 최장 90일까지 체류할 수 있다.

> ⚭ **솅겐조약 가입국(총 27개국)**
> 그리스, 네덜란드, 노르웨이, 덴마크, 독일, 라트비아, 룩셈부르크, 리투아니아, 리히텐슈타인, 몰타, 벨기에, 스위스, 스웨덴, 스페인, 슬로바키아, 슬로베니아, 아이슬란드, 에스토니아, 오스트리아, 이탈리아, 체코, 크로아티아, 포르투갈, 폴란드, 프랑스, 핀란드, 헝가리

---

(1) 솅겐조약 가입국

솅겐조약 가입국을 방문하는 외국인은 여권의 유효 기간이 출국 예정일 기준 3개월 이상이어야 하며 별도의 입국, 세관, 검역신고서를 작성하지 않는다.

유럽 지역 내에서는 별도의 출입국 심사가 없어 체류 사실이 여권상에 표기되지 않을 수 있으므로 최초 입국일부터이 체류 기간 90일 계산에 대한 책임은 여행자에게 있다. 따라서 체류 사실 증명 자료로써 체류 허가서, 교통, 숙박, 신용카드 영수증 및 관련 서류 등을 반드시 여행이 끝날 때까지 휴대하는 것이 좋다.

⏱ 잠깐!

2024년부터 솅겐조약 가입 국가들을 무비자로 방문할 때는 ETIAS(European Travel Information and Authorization System)를 통한 사전 여행 허가를 받아야 한다.
유효 기간은 승인일로부터 3년이며 여권이 3년 이내에 만료되는 경우, 여권 만료일까지만 유효하다.

출처: ETIAS 홈페이지(https://www.schengenvisainfo.com/etias)

❶ 네덜란드

여권 잔여 유효 기간	• 출국 예정일 기준 3개월 이상
무비자 입국 가능 여부 (1회 입국 시 연속 체류 가능 일자)	• 90일

❷ 독일

여권 잔여 유효 기간	• 출국 예정일 기준 3개월 이상
무비자 입국 가능 여부 (1회 입국 시 연속 체류 가능 일자)	• 90일
비고 <입국 시 유의 사항>	• 여권 서명란에 자필 서명 필요 • 입국 시 간단한 인터뷰(입국 목적, 여행 계획, 경비 등 확인)

❸ 스위스

여권 잔여 유효 기간	• 출국 예정일 기준 최소 6개월 이상
무비자 입국 가능 여부 (1회 입국 시 연속 체류 가능 일자)	• 90일
비고 <입국 시 유의 사항>	• 여권 서명란에 자필 서명 필요

❹ 스페인

여권 잔여 유효 기간	• 출국 예정일 기준 3개월 이상(6개월 이상 권고 사항)
무비자 입국 가능 여부 (1회 입국 시 연속 체류 가능 일자)	• 90일

❺ 오스트리아

여권 잔여 유효 기간	• 출국 예정일 기준 6개월 이상
무비자 입국 가능 여부 (1회 입국 시 연속 체류 가능 일자)	• 90일

❻ 이탈리아

여권 잔여 유효 기간	• 출국 예정일 기준 3개월 이상
무비자 입국 가능 여부 (1회 입국 시 연속 체류 가능 일자)	• 90일

❼ 체코

여권 잔여 유효 기간	• 출국 예정일 기준 3개월 이상
무비자 입국 가능 여부 (1회 입국 시 연속 체류 가능 일자)	• 90일

⑧ 프랑스

여권 잔여 유효 기간	• 출국 예정일 기준 3개월 이상
무비자 입국 가능 여부 (1회 입국 시 연속 체류 가능 일자)	• 90일
비고 <입국 시 유의 사항>	• 입국심사 시 유효한 여권, 입국일로부터 3개월 내 출국 항공권 또는 예약 확인서, 호텔 예약 확인서, 여행자 보험 관련 서류, 여행 경비 증빙서류(EUR65/일) 필요

⑨ 크로아티아

여권 잔여 유효 기간	• 출국 예정일 기준 3개월 이상
무비자 입국 가능 여부 (1회 입국 시 연속 체류 가능 일자)	• 90일

(2) 셍겐조약 미가입국

❶ 러시아

한러 비자면제협정에 따라 대한민국 여권 소지자는 비자 없이 연속하여 최대 60일, 전체 180일 기간 내 총 90일을 체류할 수 있다.

여권 잔여 유효 기간	• 여권 유효 기간 내 체류 가능
비자 필요 여부	• 무비자 체류 가능 • 1회 연속 60일(최초 입국일부터 180일 이내 총 90일을 체류할 수 있음)
입국 시 유의 사항	• 출입국신고서는 입국 심사관이 직접 작성하여 교부함 - 입국 시 받은 출입국신고서에 반드시 본인 서명을 해야 하며 출국 시 다시 제출해야 하므로 분실하지 않도록 유의함
비 고	• 체류 기간을 반드시 준수해야 하며 체류 기간 계산에 대한 책임은 본인에게 있음 • 여행 중 출입국신고서를 분실할 경우 경찰서에 분실 신고 후 이민국에서 재발급 받아 출국 가능

❷ 영국

한영 비자면제협정에 따라 대한민국 여권 소지자는 비자 없이 최대 6개월을 체류할 수 있다.

여권 잔여 유효 기간	• 체류 예정 기간 이상
비자 필요 여부	• 무비자 체류 가능 • 1회 최대 6개월
입국 시 유의 사항	• 입국신고서 작성하지 않음 • 신고할 물품이 있는 경우 세관에 자진신고함
비 고	• e-GATE(자동출입국심사) 사용 가능

영국 자동 출입국심사대 운영

영국 입국 시 만 12세 이상 대한민국 국적의 전자여권 소지자는 자동입국심사대를 이용할 수 있다. 만 12세 이상 17세 이하 승객은 성인 동반 시 이용 가능하며 만 12세 미만은 성인과 동반하더라도 대면입국심사대를 이용해야 한다.

출처: 나무위키 자동출입국심사

❸ 튀르키예

한·튀르키예 비지면제협정에 따라 대한민국 여권 소지자는 비자 없이 최대 90일을 체류할 수 있다.

여권 잔여 유효 기간	• 출국 예정일 기준 5개월 이상
비자 필요 여부	• 무비자 체류 가능 • 1회 최대 90일
입국 시 유의 사항	• 입국, 세관, 검역신고서 작성하지 않음

④ 대양주 지역

(1) 호주

관광 또는 상용의 목적으로 호주에 입국하는 여행자는 입국 전 ETA(전자관광허가비자)를 받아야 한다.

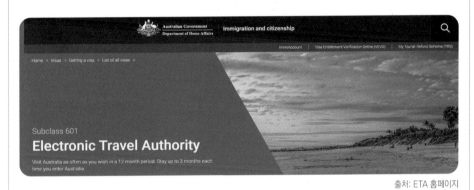

🌐 **ETA**(Electronic Travel Authority): 전자관광허가비자

- 관광 및 상용의 목적으로 호주를 방문하고자 하는 여행객에게 발급하는 호주 관광 비자
- 유효 기간은 1년으로 1회 최장 3개월 체류 조건(유효 기간 내 무제한 사용 가능)

출처: ETA 홈페이지

여권 잔여 유효 기간	• 입국일 기준 6개월 이상
비자 필요 여부	• 무비자 체류 가능 • ETA 승인 시 1회 최대 3개월
입국 시 유의 사항	• 모든 승객은 입국신고서(세관, 검역 사항 포함) 작성
통과여객(TWOV) 조건	• 항공을 통한 입국 시 8시간 이내에 출국하는 항공권과 목적국에서 필요한 입국 서류 소지 • 환승 구역 내 체류

(2) 뉴질랜드

대한민국 여권 소지자는 관광 및 사용의 목적으로 뉴질랜드를 방문할 경우 출발 전 NZeTA(뉴질랜드 전자 여행증)를 신청해 승인 받아야 한다.

여권 잔여 유효 기간	• 출국 예정일 기준 3개월 이상
비자 필요 여부	• 무비자 체류 가능 • NZeTA 승인 시 1회 최대 90일
입국 시 유의 사항	• 모든 승객은 입국신고서(세관, 검역 사항 포함) 작성
통과여객(TWOV) 조건	• NZeTA 소지
비 고	• 뉴질랜드에 체류하는 여행자는 NZeTA 신청 시 IVL(외국인 방문객 환경 보호 및 관광세) 납부 • 입국심사 시 뉴질랜드 출국 항공권 소지 여부, 방문 목적, 재정 및 건강 상태 확인함

구 분	NZeTA (Electronic Travel Authority / 뉴질랜드 전자 여행증)	IVL (International Visitor Conservation and Tourism Levy / 외국인 방문객 환경 보호 및 관광세)
신청 대상	• 비자면제국가 여권 소지자 • 호주 영주권자 • 국적에 상관없이 크루즈선 여객 • 통과 여객	• 뉴질랜드에 체류하는 여행자
신청 시점	항공기 탑승 최소 72시간 전	
신청 방법	• 뉴질랜드 이민성(INZ) 모바일 앱 다운로드 • 뉴질랜드 이민성 공식 홈페이지 신청서 작성	
유효 기간	2년	

(3) 피지

여권 잔여 유효 기간	• 6개월 이상
비자 필요 여부	• 무비자 체류 가능 • 1회 연속 4개월
입국 시 유의 사항	• 모든 승객은 입국신고서(세관, 검역 사항 포함) 작성 • 환승 시간이 6시간 초과할 경우 입국심사를 받아야 함
통과여객(TWOV) 조건	• 목적지가 명시된 항공권 소지
비 고	• 반입 제한 또는 금지되어 있는 동식물 및 음식을 신고 없이 반입하여 적발되는 경우 벌금이 부과되거나 기소될 수 있음

⑤ 중동, 아프리카 지역

(1) 아랍에미리트

여권 잔여 유효 기간	• 6개월 이상(훼손 여권 소지 시 입국 불가)
비자 필요 여부	• 무비자 체류 가능 • 1회 연속 90일
입국 시 유의 사항	• 입국, 세관, 검역신고서 없음
통과여객(TWOV) 조건	• 비자면제국가 국민에 대한 별도 조건 없음

(2) 이스라엘

여권 잔여 유효 기간	• 6개월 이상
비자 필요 여부	• 무비자 체류 가능 • 1회 연속 90일
입국 시 유의 사항	• 입국, 세관, 검역신고서 없음
통과여객(TWOV) 조건	• 비자면제국가 국민에 대한 별도 조건 없음
비 고	• 입국 시 귀국 항공권 및 호텔 예약과 같은 체류 예정지 증빙 서류 소지를 권고하며 필요시 제시 및 설명함 • 아랍·무슬림 국가 방문 기록이 있을 시 출입국 심사가 더 엄격할 수 있음

(3) 이집트

여권 잔여 유효 기간	• 6개월 이상
비자 필요 여부	• 비자 필요 - e-Visa 또는 도착 비자 발급 - 1회 최대 30일 체류 가능
입국 시 유의 사항	• 모든 승객은 입국신고서 작성 - EGYPTIAN과 NON-EGYPTIAN의 2가지 양식이 있음 • 세관신고서는 신고할 물품이 있는 경우 현지 세관신고대에서 작성
통과여객(TWOV) 조건	• 다음 목적지 유효한 확정 항공권 소지
비 고	• 아프리카 국가 등 황열병 발병 지역을 방문하거나 12시간 이상 공항에서 머무른 후 이집트를 방문하는 경우 황열병 예방접종 확인서가 있어야 입국 가능

3 국가별 면세 규정

면세 규정은 국가별로 한도가 상이하므로 비행 전 목적지의 규정을 숙지하여 고객 응대 시 착오가 없도록 한다.

① 대한민국

대한민국 입국 시 여행자 휴대품 면세 범위는 각 물품의 과세 가격 합계 기준으로 1인당 USD 800 이하이다. 기본 면세 USD 800과 별도로 주류 2병(합산 2L 이하로 총 USD400 이하), 담배 1보루(200개비), 향수 60ml까지 통관이 가능하다.

기본 면세 USD 800 외 별도 면세 상품

주류
2병(합산 2L 이하로 USD 400 이하인 것)

담배
1보루(200개비)

향수
60ml

단, 만 19세 미만(출생년도 기준) 미성년자는 면세 대상이 아님(과세 시 통관 가능)

반출입 금지 물품(통관 불가)

국헌·공안·풍속을 저해하는 서적·사진·비디오테이프·필름· LD-CD-CD-ROM 등의 물품

정부의 기밀을 누설하거나 첩보에 공하는 물품

위조·변조·모조의 화폐·지폐· 은행권·채권 기타 유가증권

반출입 금지 물품을 휴대 반입할 경우 몰수되며, 세관의 정밀 검사 및 조사를 받은 후 범죄 혐의가 있을 경우에는 관세법 위반으로 처벌될 수 있음

©www.hanol.co.kr

출처: 인천국제공항 홈페이지

대한민국 입국 시 세관 신고할 물품이 있는 여행자는 세관에 신고해야 한다. 이 경우, 세관신고서를 작성하여 세관 검색대에 제출하거나 여행자 세관신고서 스마트폰 앱 또는 웹을 이용해 신고할 수 있다.

별송품이 있는 경우에는 세관신고서 2장을 작성하여 1장은 제출하고 1장은 입국지 세관장의 확인을 받아 별송품 통관 시 통관지 세관장에게 제출한다.

세관신고서를 허위로 작성하거나 신고하지 않고 면세 통로에서 범칙 사실이 확인되는 경우에는 관세법 등의 위반 혐의로 처벌(물품 몰수, 벌금형, 징역형)을 받을 수 있다.

| 한국어 양식

| 영어 양식

출처: 인천국제공항 홈페이지(www.airport.kr)

승무원의 휴대품 반입 규정

- 휴대품 면세 범위: USD 150 이하에 상응하는 물품
- 주류: 1병(1L 이하로 USD 400 이하 주류 한정, 주류 면세 횟수는 3개월에 1회로 제한)
- 담배: 1보루(궐련 200개비 / 엽궐련 50개비 / 전자담배 니코틴 용액 20ml / 기타 담배 250g 상당)
- 향수 60ml

② 해외 국가

➢ 해외 국가 면세 규정

지 역	국 가	주 류	담 배	향 수	비 고
미주 지역	미국	1L 이하	궐련 200개비(1보루) + 엽궐련 50개비	150ml 이하	술 담배 21세 이상
	캐나다	① 1.14L(모든 주류) ② 와인 1.5L ③ 맥주류 8.5L(24×355ml)	궐련 200개비(1보루) or 엽궐련 50개비	–	술 19세 이상 담배 18세 이상
아시아 지역	일본	3병(760ml/병)	궐련 200개비(1보루) or 엽궐련 50개비	2oz (약 56ml)	–
	중국	(도수 무관) 1.5L 이하	궐련 400개비(2보루) or 엽궐련 100개비	–	–
	홍콩	30% 초과 주류 1L	궐련 19개비 or 엽궐련 1개비	–	• 30% 이하 주류는 제한 없음 • 담배 초과 미신고 시 기소될 수 있음
	싱가포르	① 양주 1L + 와인 1L ② 와인 2L ③ 와인 1L + 맥주 1L	반입 금지	–	• 술 18세 이상 세관 규정 위반 시 최고 S$ 10,000벌금 또는 처벌 • 껌 반입 금지
유럽 지역	독일	① 22% 미만 2L ② 22% 초과 1L *추가로 와인 4L, 맥주 16L	–	50g	술, 담배 17세 이상
	프랑스	① 22% 미만 2L ② 22% 이상 1L	–		술, 담배 17세 이상
	영국	① 증류주 or 22% 이상 혼성주 1L ② 와인(수정 강화, 발포성) or 22% 미만 혼성주 2L *추가로 비발포성 와인 2L	궐련 200개비(1보루) or 엽궐련 50개비	60cc	술, 담배 17세 이상 승객에게만 허용 *자진신고제
대양주 지역	호주	2.25L	궐련 25개비 or 엽궐련 25g	–	술, 담배 18세 이상
	뉴질랜드	① 와인 4.5L or 맥주 4.5L ② 양주 or 기타 독주 3병 (1.125L/병)	궐련 50개비	–	술, 담배 17세 이상

출처: 해외통관지원센터(https://www.customs.go.kr/foreign/main.do)

4 검역 규정

1 대한민국

해외에서 대한민국으로 입국하는 모든 승객과 승무원은 검역 심사를 받는다.

또한, 검역관리 지역 감시 기간 내 체류 또는 경유한 여행자는 반드시 기내에서 배부하는 검역신고서를 1인당 1장씩 작성하거나 Q-code(검역 정보 사전 입력 시스템)를 통해 건강 상태를 입력한다.

동물·축산물을 가지고 입국할 경우에는 출발 국가에서 발행한 농축검역본부를 농축검역본부에 제출하고 검역을 받아야 한다.

| 공항검역신고대

◥ 검역 절차

① 도착	② 항공기 검역 (오염지역 입국의 경우)	③ 승객/승무원 검역	④ 검역 조치
• 항공기 도착	• 항공기 내 위생 상태 조사 • 감염병 매개체 유무 조사 • 오수 적재 식품 검체 채취	• 발열 감시 • 건강상태질문서 제출	• 역학 조사 후 필요시 검체 채취 • 유증상자: 시/도를 통하여 추적 관리 • 의사, 환자: 중앙 검역 의료지 원센터 격리

출처: 인천국제공항 홈페이지(https://www.airport.kr/ap_lp/ko/arr/process/passqua/passqua.do)

② 해외 국가

- 국가별 검역 규정을 준수하여 해당 국가 입국 전, 검역 절차를 완료한다.
- 해외 여행 전 국가별 감염병 발생 정보를 확인하여 황열, 콜레라, 말라리아 등의 예방접종이 필요한 경우, 최소 2주 전에 접종받는다.
- 해외 여행 시 낙타, 조류 등 야생 동물의 접촉을 피하고 모기에 물리지 않도록 조심한다.
- 질병관리청 오염지역에 체류 또는 경유한 경우, 입국 시 검역관에게 검역신고서를 제출하고 발열, 기침 등의 증상이 발생하면 검역관에게 신고한다.
- 귀국 후 감염병 잠복기 내 증상 발생 시, 질병관리청 콜센터(1339)에 신고하여 행동 요령을 안내받도록 한다.

출처: 질병관리본부(www.kdca.go.kr)

국가별 입국 서류 작성하기

① 출입국신고서

■ 일본 〈입국신고서(외국인용)〉 Sample

〈앞면〉

外国人入国記録用紙(英語·韓国語併記)【表面】

外国人入国記録 DISEMBARKATION CARD FOR FOREIGNER 외국인 입국기록					【 ARRIVAL 】
英語又は日本語で記載して下さい。Enter information in either English or Japanese. 영어 또는 일본어로 기재해 주십시오.

氏 名 Name 이름	Family Name 영문 성			Given Names 영문 이름	
生年月日 Date of Birth 생년월일	Day 日 일　Month 月 월　Year 年 년	現 住 所 Home Address 현 주 소	国名 Country name 나라명		都市名 City name 도시명
渡航目的 Purpose of visit 도항 목적	☐ 観光 Tourism 관광　☐ 商用 Business 상용　☐ 親族訪問 Visiting relatives 친척 방문 ☐ その他 Others (기타	)	航空機便名·船名 Last flight No./Vessel 도착 항도착공기 편명·선명 日本滞在予定期間 Intended length of stay in Japan 일본 제재 예정 기간		
日本の連絡先 Intended address in Japan			TEL 전화번호		

裏面の質問事項について、該当するものに☑を記入して下さい。Check the boxes for the applicable answers to the questions on the back side.
뒷면의 질문사항 중 해당되는 것에 ☑ 표시를 기입해 주십시오.

1. 日本での退去強制·上陸拒否歴の有無 Any history of receiving a deportation order or refusal of entry into Japan 일본에서의 강제퇴거 이력·상륙거부 이력 유무	☐ はい Yes 예	☐ いいえ No 아니오
2. 有罪判決の有無(日本での判決に限らない) Any history of being convicted of a crime (not only in Japan) 유죄판결의 유무 (일본 내외의 모든 판결)	☐ はい Yes 예	☐ いいえ No 아니오
3. 規制薬物·銃砲·クロスボウ·刀剣類·火薬類の所持 Possession of controlled substances, firearms, crossbow, swords, or explosives 규제약물·총포·석궁·도검류·화약류의 소지	☐ はい Yes 예	☐ いいえ No 아니오

以上の記載内容は事実と相違ありません。I hereby declare that the statement given above is true and accurate. 이상의 기재 내용은 사실과 틀림 없습니다.

署名 Signature 서명

〈뒷면〉

外国人入国記録用紙(英語·韓国語併記)【裏面】

E.D.No.出入国記録番号	区分
AAAA 2280202	61

【質問事項】[Questions]【질문사항】

1 あなたは、日本から退去強制されたこと、出国命令により出国したこと、又は、日本への上陸を拒否されたことがありますか?
　Have you ever been deported from Japan, have you ever departed from Japan under a departure order, or have you ever been denied entry to Japan?
　귀하는, 일본에서 강제 퇴거 당한 일, 출국 명령에 의하여 출국한 일, 또는, 일본에 상륙을 거부 당한 일이 있습니까?

2 あなたは、日本国又は日本国以外の国において、刑事事件で有罪判決を受けたことがありますか?
　Have you ever been found guilty in a criminal case in Japan or in another country?
　귀하는, 일본국 또는 일본국 이외의 나라에서 형사사건으로 유죄판결을 받은 일이 있습니까?

3 あなたは、現在、麻薬、大麻、あへん若しくは覚醒剤等の規制薬物又は銃砲、クロスボウ、刀剣類若しくは火薬類を所持していますか?
　Do you presently have in your possession narcotics, marijuana, opium, stimulants, or other controlled substances, firearms, crossbow, swords, explosives or other such items?
　귀하는 현재, 마약, 대마, 아편 혹은 각성제 등의 규제약물 또는 총포, 석궁, 도검류 혹은 화약류를 소지하고 있습니까?

官用欄
Official Use Only

サンプル

KA6AAAA228020261

출처: 일본 출입국 재류관리청(www.moj.go.jp)

外国人入出境卡
DEPARTURE CARD

请交边防检查官员查验
For Immigration clearance

姓
Family name

名
Given names

护照号码
Passport No

男 □ Male   女 □ Female

出生日期
Date of birth
年Year   月Month   日Day

国籍
Nationality

航班号/船名/车次
Flight No. Ship's name, Train No.

以上申明真实准确。
I hereby declare that the statement given above is true and accurate.

签名 Signature

要请保留此卡，如遗失将会对出境造成不便。
Retain this card in your possession, failure to do so may delay your departure from China.

请注意背面重要提示。 See the back →

外国人入境卡
ARRIVAL CARD

请交边防检查官员查验
For Immigration clearance

姓
Family name

名
Given names

国籍
Nationality

护照号码
Passport No.

男 □ Male   女 □ Female

在华住址
Intended Address in China

出生日期
Date of birth
年Year   月Month   日Day

签证号码
Visa No.

签证签发地
Place of Visa issuance

航班号/船名/车次
Flight No. Ship's name, Train No.

入境事由(只能填写一项) Purpose of visit (one only)

会议/商务 □ Conference/Business
访问 □ Visit
观光/休闲 □ Sightseeing/in leisure

探亲访友 □ Visiting friends or relatives
就业 □ Employment
学习 □ Study

返回常住地 □ Return home
定居 □ Settle down
其他 □ others

以上申明真实准确。
I hereby declare that the statement given above is true and accurate.

签名 Signature

② 세관신고서

■ 대한민국 〈여행자 휴대품 신고서〉 Sample

관세청
KOREA CUSTOMS
SERVICE

여행자 휴대품 신고서

- 모든 입국자는 신고서를 작성·제출해야 합니다.
- 동일한 세대의 가족은 **1명**이 대표로 신고할 수 있습니다.
- 성명과 생년월일은 여권과 동일하게 기재해야 합니다.

성 명	
생년월일	년 월 일
여권번호	외국인에 한함
여행기간	일 출발국가
동반가족	본인 외 명 항공편명
전화번호	
국내 주소	

세관 신고사항
해당 사항에 " V " 표시

1 휴대품 면세범위(뒷면 참조)를 초과하는 **"품목"**
- 물품 상세 내역은 뒷면에 기재
⇨ 자진신고 시 **관세의 30%**(15만원 한도) 감면

있음				없음
술	담배	향수	일반물품	

2 원산지가 FTA 협정국가인 물품으로서 협정관세를 적용받으려는 물품 — 있음 ☐ 없음 ☐

3 미화로 환산해서 총합계가 **1만 달러**를 초과하는 화폐 등(현금, 수표, 유가증권 등 모두 합산) — 있음 ☐ 없음 ☐
[총 금액 :]

4 우리나라로 반입이 금지되거나 제한되는 물품 — 있음 ☐ 없음 ☐
ㄱ. 총포류, 실탄, 도검류, 마약류, 방사능물질 등
ㄴ. 위조지폐, 가짜 상품 등
ㄷ. 음란물, 북한 찬양 물품, 도청 장비 등
ㄹ. 멸종위기 동식물(앵무새, 도마뱀, 원숭이, 난초 등) 또는 관련 제품(웅담, 사향, 악어가죽 등)

5 동·식물 등 검역을 받아야 하는 물품 — 있음 ☐ 없음 ☐
ㄱ. 동물(물고기 등 수생 동물 포함)
ㄴ. 축산물 및 축산가공품(육포, 햄, 소시지, 치즈 등)
ㄷ. 식물, 과일류, 채소류, 견과류, 종자, 흙 등
▶ 가축전염병 발생국의 축산농가 방문자는 농림축산검역본부에 신고하시기 바랍니다.

6 세관의 확인을 받아야 하는 물품 — 있음 ☐ 없음 ☐
ㄱ. 판매용 물품, 회사에서 사용하는 견본품 등
ㄴ. 다른 사람의 부탁으로 반입한 물품
ㄷ. 세관에 보관 후 출국할 때 가지고 갈 물품
ㄹ. 한국에서 잠시 사용 후 다시 외국으로 가지고 갈 물품
ㅁ. 출국할 때 "일시수출(반출)신고"를 한 물품 등

본인은 이 신고서를 사실대로 성실하게 작성하였습니다.
년 월 일
신고인: (서명)
< 뒷면에 계속 >

1인당 **"품목"별**(술/담배/향수/일반물품) **면세범위**

▶ 해외 또는 국내 면세점에서 구매하거나, 기증 또는 선물받은 물품 등으로서

술	2병	합산 2ℓ 이하로서 총 US $400 이하	미화 800달러 이하
담배		- 궐련형: 200개비(10갑) - 시 가: 50개비 - 액 상: 20㎖(니코틴 함량 1% 이상온 반입 제한) ▶ 한 종류만 선택 가능	일반 물품 ▶ 다만, 농림축수산물 및 한약재는 검역에 합격한 것으로서 총 40kg, 총 금액 10만원 이하 (물품별로 수량·중량 제한)
향수	60㎖		

* 만 19세 미만인 사람에게는 주류 및 담배를 면세하지 않습니다.

면세범위 초과 **"품목"의 상세내역**

▶ 예 시: 술 3병, 담배 10갑, 향수 30㎖, 시계 1,000달러 반입 시 작성대상은 **술 3병, 시계 1,000달러**(담배, 향수는 면세범위 이내로 작성 생략)

품 목	물 품 명	수량(또는 중량)	금 액
술			
담배			
향수			
일반 물품			

※ 세관 신고사항을 신고하지 않거나 허위신고한 경우 가산세(납부세액의 40% 또는 60%)가 **추가 부과**되거나, **5년 이하의 징역 또는 벌금**(해당 물품은 몰수) 등의 **불이익**을 받게 됩니다.

95mm×245mm[백상지 100g/㎡]

〈앞면〉　　　　　　　　　　　〈뒷면〉

(A면)　　　　　　세관 양식 C 제 5360-C호
　　　　　　　　　　　　　　　일본국세관
휴대품 · 별송품 신고서

아래 및 뒷면의 사항을 기입하여 세관직원에게 제출하여 주시기 바랍니다.
가족이 동시에 검사를 받을 경우에는 대표자가 1장 제출하여 주시기 바랍니다.

탑승기편명 (선박명)		출 발 지	
입 국 일 자	년	월	일

성 명 (영문)	성 (Surname)	이름 (Given Name)

현 주 소
(일본국내
체류지)　전화번호　　　(　　　)　　　-

국 적		직 업	

생 년 월 일　　　년　　　　월　　　　일
여 권 번 호

	20 세 이상	6 세 ~ 20 세 미만	6 세 미만
동 반 가 족	명	명	명

※ 아래 질문에 대하여 해당하는 □ 에 "✓" 표시를 하여 주시기 바랍니다.

1. 다음 물품을 가지고 있습니까?

	있음	없음
① 마약, 총포, 폭발물 등 일본으로 반입이 금지되는 물품 (B면 1. 참조)	□	□
② 육가공품, 채소, 과일, 동식물 등 일본으로 반입이 제한되는 물품 (B면 2. 참조)	□	□
③ 금지금 또는 금제품	□	□
④ 면세 범위 (B면3. 참조) 를 초과하는 구입품 (산 물품),선물, 기증품등	□	□
⑤ 상용 물품 · 상품 견본(샘플)	□	□
⑥ 타인이 맡긴 물품 (여행 가방 등의 운반 도구와 이유가 불분명하게 건네진 것을 포함)	□	□

※상기 항목에서「있음」을 선택한 분은 입국시에
가지고 온 물품을 B면에 기입하여 주시기 바랍니다.

2. 100만엔 상당액을 초과하는 현금, 유가증권 또는 1㎏ 초과하는 귀금속물을 가지고 있습니까?

	있음	없음
	□	□

※「있음」을 선택한 분은 별도로「지불수단 등의 휴대
수출·수입신고서」를 제출하여 주시기 바랍니다.

3. 별송품 입국할 때 휴대하지 않고 우편물등의 방법을 이용하여 별도로 보낸 짐 (이삿짐 포함)등이 있습니까?

□ 있음	(　　　개)	□ 없음

※「있음」을 선택한 분은 입국시에 가지고 온 물품을 B면에
기입한 후 이 신고서를 2장 세관에 제출하여 세관직원의
확인을 받아 주시기 바랍니다. (입국후 6개월이내에 수입할
물품에 한함)
　별송품 통관시, 세관에서 확인을 받은 신고서가 필요합니다.

《주의사항》

해외 또는 일본 출국시 및 입국시에 면세점에서 구입한 물품, 다른 사람의 부탁으로 운반하는 물품 등 일본으로 반입하려고 하는 휴대품·별송품에 대해서는 법률에 따라 세관에 신고하여 필요한 검사를 받아야 합니다. 세관에 신고하지 않거나 허위 신고하여 반입한 경우에는 처벌을 받을 수 있습니다.

이 신고서 기재내용은 사실과 같습니다.
　서 명

(B면)

※ 입국시 휴대하여 반입한 물품을 다음 표에 기입하여 주시기 바랍니다. (A면 1 및 3에서 모두 「없음」을 선택한 분은 기입할 필요가 없습니다.)

(주의)「기타품명」란에는 신고하는 입국자 본인 (동반 가족 포함)의 개인적 사용 물품에 한하여 1품목당 해외 시가 합계액이 1만엔 이하인 경우에는 기입할 필요가 없습니다.
　별송품도 기입할 필요가 없습니다.

주 류		병		※세관 기입란
담 배	궐 련	개비		
	전 자	갑		
	엽궐련	개비		
	기 타	그램		
향 수		온스		
기타 품명	수 량	가 격		

※세관 기입란
　　　　　　　　　　엔

1. 일본으로 반입이 금지되어 있는 대표적인 물품
① 마약, 향정신성의약품, 대마, 아편, 필로폰, MDMA, 지정 약물 등
② 권총 등의 총포, 총포탄, 권총부품
③ 폭발물, 화약류, 화학 병기의 원재료, 탄저균 등의 병원체 등
④ 지폐, 화폐, 유가증권, 신용카드 등의 위조품
⑤ 음란잡지, 음란DVD, 아동포르노 등
⑥ 가짜명품, 해적판 등의 지식재산권을 침해하는 물품

2. 일본으로 반입이 제한되어 있는 대표적인 물품
① 엽총, 공기총 및 도검류
② 워싱턴 조약에 따라서 수입이 제한되어 있는 동식물 및 이들의 만든제품 (악어·뱀·땅거북·상아·사향·선인장 등)
③ 사전에 검역 확인이 필요한 살아있는 동식물, 육가공품 (소시지·말린·말린 쇠고기류 포함), 채소, 과일, 쌀 등
※ 동식물검역카운터에서 사전 확인이 필요합니다.

3. 면세범위 (1인당, 승무원은 제외함)
· 주류 3 병 (1 병당 약 760ml)
· 궐련 200개비 (외국제·일본제의 구별없음)
　※ 단, 20 세 미만인 경우 주류와 담배가 면세되지 않습니다.
· 해외 시가의 합계액이 20만 엔을 넘지 않는 물품 (입국자가 개인적으로 사용할 물품에 한함)
　※「해외 시가」는 해외에서 구입한 가격을 말합니다.
　※ 한개에 20만엔을 초과하는 물품의 경우에는 전액이 대하여 과세됩니다.
　※ 6 세 미만의 어린이는 장난감 등 본인이 사용할 것 이외의 물품은 면세 대상에서 제외됩니다.

휴대품·별송품 신고서를 기재 해 주셔서 감사합니다. 일본으로 입국 (귀국) 하는 모든 분들은 법률에 따라 이 신고서를 세관직원에게 제출할 필요가 있습니다. 앞으로도 세관검사에 협력을 부탁합니다.

출처: 일본 세관 홈페이지(www.customs.go.jp)

참고문헌

- 그랑 라루스 편집부. 강현정 번역. 그랑라루스 요리백과. 시트롱마카롱
- 그랑 라루스 편집부. 윤화영 번역. 그랑라루스 와인백과. 시트롱마카롱
- 김준철(2006) 와인, 어떻게 즐길까. 살림출판사
- 대한항공 객실승무원 업무 교범
- 대한항공 신입전문훈련 실무교재
- 미래서비스아카데미(2014) 서비스 매너. 새로미
- 안용갑(2015, 2016) 안용갑의 와인이야기. 미디어파인(https://www.mediafine.co.kr/)
- 오정주·권인아(2017) 비즈니스 매너와 글로벌 에티켓. 한올출판사
- 우문호(2006). 글로벌시대의 음식과 문화. 학문사
- 조영신 외 6인(2014) 최신 항공객실업무론 2판. 한올출판사
- 허용덕·허경택(2009). 와인 커피 용어해설. 백산출판사
- 괌 전자 세관신고서 홈페이지(https://traveller.guamedf.landing.cards)
- 나무위키(namu.wiki)
- 네이버 사전(https://dict.naver.com/)
- 네이버 지식백과(https://terms.naver.com)
  - 문화원형백과
  - 브리태니커 비주얼사전
  - 와인&커피 용어해설
  - 조리용어
  - 호텔용어사전(레저산업진흥연구소 집필. 백산출판사.)
- 대한항공 모닝캄(https://morningcalm.koreanair.com)
- 대한항공 유튜브(https://www.youtube.com/@koreanair)
- 대한항공 인스타그램(www.instagram.com›koreanair)
- 대한항공 홈페이지(www.koreanair.com)
- 두피디아(www.doopedia.co.kr)
- 브리테니커 비주얼 사전
- 아시아나항공 홈페이지(flyasiana.com)
- 아시아나항공 인스타그램(https://www.instagram.com/flyasiana)
- 에어로케이 인스타그램(www.instagram.com›aerok.official)
- 에어부산 홈페이지(www.airbusan.com)
- 에어서울 인스타그램(ww.instagram.com›airseoul_official)

- 에어프레미아 홈페이지(www.airpremia.com)
- 위키백과(https://ko.wikipedia.org/)
- 이스타항공 인스타그램(www.instagram.com›eastarjet_official)
- 인천국제공항 홈페이지(www.airport.kr)
- 제주항공 인스타그램(www.instagram.com›jejuair_official)
- 제주항공 페이스북(https://www.facebook.com/funjejuair)
- 진에어 유튜브(https://www.youtube.com/@JinAir_lj)
- 티웨이항공 인스타그램(www.instagram.com›twayair)
- 티웨이항공 홈페이지(www.twayair.com)
- 해외통관지원센터 홈페이지(www.customs.go.kr›foreign)
- ANA항공 홈페이지(www.ana.co.jp›ko)
- eTA 캐나다 홈페이지(www.canada.ca›en)
- ETA 호주전자여행허가 홈페이지(immi.homeaffairs.gov.au›visas)
- ETIAS 공식 홈페이지(etias-euvisa.com›ko)
- Official ESTA Application Website(esta.cbp.dhs.gov)
- WHISKY.AUCTION 홈페이지(https://whisky.auction)

항공 객실 서비스 실무

저자 소개

| 양희선 |

세종대학교 관광대학원 관광경영학 석사

현) 연성대학교 항공서비스과 학과장

전) 연성대학교 신문방송국 주간

    ㈜대한항공 사무장

    ㈜대한항공 객실훈련원 현장강사

    신입전문훈련, 상위클래스(퍼스트/비즈니스) 서비스 교육, 퍼스트 클래스 리더교육, 팀 표준화교육

    인하공업전문대학 항공운항과 외래교수

| 저서 |

『항공 기내서비스 실무』『항공 서비스 실무』, ㈜한올출판사

| 김정현 |

한국외국어대학교 졸업

세종대학교 관광대학원 관광경영학 석사

현) 연성대학교 항공서비스과 강의전담전임교수

전) ㈜대한항공 사무장

    ㈜대한항공 객실훈련원 현장강사

    신입전문훈련, R/S 신입전문훈련, R/S 상위클래스 서비스 교육, 기내방송 교육, 기내일본어 교육

    인하공업전문대학 항공운항과, 항공경영과 외래교수

| 저서 |

『항공 기내서비스 실무』『항공 서비스 실무』, ㈜한올출판사

『항공서비스 실무일본어』, ㈜시사일본어사

항공 객실 서비스 실무

초판 1쇄 인쇄   2023년 8월 21일
초판 1쇄 발행   2023년 8월 25일

저 자   양희선·김정현
펴낸이   임순재
펴낸곳   (주)한올출판사
등 록   제11-403호
주 소   서울시 마포구 모래내로 83(성산동 한올빌딩 3층)
전 화   (02) 376-4298(대표)
팩 스   (02) 302-8073
홈페이지   www.hanol.co.kr
e-메일   hanol@hanol.co.kr
ISBN   979-11-6647-371-5

항공 객실 서비스 실무

항공 객실 서비스 실무

항공 객실 서비스 실무